징검다리 교육연구소, 최순미 지음

바쁜

1·2학년을 위한

빠른 뺄셈

이지스 에듀

지은이 징검다리 교육연구소, 최순미

징검다리 교육연구소는 바쁜 친구들을 위한 빠른 학습법을 연구하는 이지스에듀의 공부 연구소입니다. 아이들이 기계적으로 공부하지 않도록, 두뇌가 활성화되는 과학적 학습 설계가 적용된 책을 만듭니다.

최순미 선생님은 영역별 연산 훈련 교재로, 연산 시장에 새바람을 일으킨 ≪바쁜 5·6학년을 위한 빠른 연산법≫, ≪바쁜 3·4학년을 위한 빠른 연산법≫, ≪바쁜 1·2학년을 위한 빠른 연산법≫시리즈와 요즘 학교 시험 서술형을 누구나 쉽게 익힐 수 있는 ≪나 혼자 푼다! 수학 문장제≫ 시리즈를 집필한 저자입니다. 또한, 20년이 넘는 기간 동안 EBS, 디딤돌 등과 함께 100여 종이 넘는 교재 개발에 참여해 온, 초등 수학 전문 개발자입니다.

바쁜 친구들이 즐거워지는 빠른 학습법 – 바빠 연산법 시리즈(개정판)

바쁜 1, 2학년을 위한 빠른 뺄셈

초판 발행 2021년 8월 5일
            (2014년 12월에 출간된 책을 새 교육과정에 맞춰 개정했습니다.)
초판 7쇄 2026년 1월 20일
지은이 징검다리 교육연구소, 최순미
발행인 이지연
펴낸곳 이지스퍼블리싱(주)
출판사 등록번호 제313-2010-123호
주소 서울시 마포구 잔다리로 109 이지스 빌딩 5층(우편번호 04003)
대표전화 02-325-1722   팩스 02-326-1723
이지스퍼블리싱 홈페이지 www.easyspub.com   이지스에듀 카페 www.easysedu.co.kr
바빠 아지트 블로그 blog.naver.com/easyspub   인스타그램 @easys_edu
페이스북 www.facebook.com/easyspub2014   이메일 service@easyspub.co.kr

기획 및 책임 편집 김현주 | 박지연, 김경진, 이지혜   교정 교열 김민경
표지 및 내지 디자인 정우영   그림 김학수   전산편집 이츠북스   인쇄 보광문화사
영업 및 문의 이주동, 김요한(support@easyspub.co.kr)   마케팅 라혜주   독자 지원 박애림, 이세진, 김수경

ISBN 979-11-6303-265-6 64410
ISBN 979-11-6303-253-3(세트)
가격 9,800원

알찬 교육 정보도 만나고 출판사 이벤트에도 참여하세요!

1. 바빠 공부단 카페
cafe.naver.com/easyispub

2. 인스타그램
@easys_edu

3. 카카오 플러스 친구
이지스에듀 검색!

• **이지스에듀**는 이지스퍼블리싱의 교육 브랜드입니다.
  (이지스에듀는 아이들을 탈락시키지 않고 모두 목적지까지 데려가는 책을 만듭니다!)

"펑펑 쏟아져야 눈이 쌓이듯,
공부도 집중해야 실력이 쌓인다."

교과서 집필 교수, 영재교육 연구소, 수학 전문학원,
명강사들이 적극 추천하는 '바빠 연산법'

같은 영역끼리 모아서 집중적으로 연습하면 개념을 스스로 이해하고 정리할 수 있습니다. 이 책으로 공부하는 아이들이라면 수학을 즐겁게 공부하는 모습을 볼 수 있을 것입니다.

김진호 교수(초등 수학 교과서 집필진)

'바빠 연산법' 시리즈는 수학적 사고 과정을 온전하게 통과하도록 친절하게 안내하는 길잡이입니다. 이 책을 끝낸 학생의 연필 끝에는 연산의 정확성과 속도가 장착되어 있을 거예요!

호사라 박사(분당 영재사랑 교육연구소)

단순 반복 계산이 아닌 이해를 바탕으로 스스로 생각하는 힘을 길러 주는 연산 책입니다. 수학의 자신감을 키워 줄 뿐 아니라 심화·사고력 학습에도 도움을 줄 것입니다.

박지현 원장(대치동 현수학학원)

덧셈 뺄셈의 속도와 정확성이 살짝만 부족해도, 고학년 연산에서 계산이 느리고 부정확한 경우를 자주 봅니다. 바빠 연산법이 짧은 시간 안에 덧셈 뺄셈의 빈 구멍을 메꾸어 줄 것입니다.

김종명 원장(분당 GTG수학 본원)

초등 저학년 때 수학의 기초가 되는 덧셈 뺄셈에 대한 총정리가 꼭 필요한데, 이 책이 안성맞춤이네요. 개념 설명도 담겨 있어 기초가 부족한 학생들에게 '강력 추천' 합니다.

정경이 원장(하늘교육 문래학원)

아이들을 공부 기계로 보지 않는 책, 그래서 단순 반복은 없지요. 쉬운 내용은 압축, 어려운 내용은 충분히 연습하도록 구성해 학습 효율을 높인 '바빠 연산법'을 적극 추천합니다.

한정우 원장(일산 잇츠수학)

수학 공부라는 산을 정상까지 오른다는 점은 같지만, 어떻게 오르느냐에 따라 걸리는 노력과 시간에도 큰 차이가 있죠. 수학이라는 산에 가장 빠르고 쉽게 오르도록 도와줄 책입니다.

김민경 원장(더원수학)

빠르게, 하지만 충실하게 연산의 이해와 연습이 가능한 교재입니다. 수학이 어렵다고 느끼지만 어디부터 시작해야 할지 모르는 학생들에게 '바빠 연산법'을 추천합니다.

남신혜 선생(서울 아카데미)

덧셈 뺄셈은 '완벽'해야 합니다.

덧셈과 뺄셈의 능숙함이 앞으로의 수학을 좌우합니다.

**수학 실력을
좌우하는 첫걸음,
덧셈과 뺄셈**

초등 수학의 80%는 연산으로 그 비중이 매우 높습니다. 그런데 수학 문제를 풀 때 기초 계산이 느리면 문제를 풀 때마다 두뇌는 쉽게 피로를 느끼게 됩니다. 그래서 수학은 사칙연산부터 완벽하게 끝내야 합니다. 연산이 능숙하지 않은데 진도만 나가는 것은 모래 위에 성을 쌓는 것과 같습니다. 연산 중에서도 1, 2학년에서 배우는 덧셈과 뺄셈은 그냥 할 줄 아는 정도가 아니라 아주 숙달되어야 합니다. 덧셈과 뺄셈이 수학 실력을 좌우하는 첫걸음이 되기 때문입니다.

**"사고력을
키운다고 해서
연산 능력이 저절로
키워지지는 않는다!"**

학원에 다니는 상위 1% 학생도 계산력이 부족하면 진도와는 별도로 연산이 완벽해지도록 훈련을 시킵니다.

수학 경시대회 1등 한 학생을 지도한 원장님조차도 "연산 능력은 수학 진도를 선행한다거나, 사고력을 키운다고 해서 저절로 해결되지 않습니다. 계산 능력에 관한 한, 무조건 훈련 또 훈련을 반복해서 숙달되어야 합니다. 연산이 먼저 해결되어야 문제 해결력을 높일 수 있거든요."(성균관대 수학경시 대상 수상 학생을 지도한 최정규 원장)라고 말합니다.

덧셈과 뺄셈이 흔들리면 곱셈과 나눗셈도 느려집니다. 안 되는 연산에 집중해서 시간을 투자해 보세요.

**영역별로 훈련하면
개념을 스스로
이해하고
정리할 수 있다!**

또한, 한 연산 안에서 체계적인 학습이 진행되어야 합니다. 예를 들어 뺄셈을 할 때 받아내림이 없는 뺄셈도 능숙하지 않은데, 받아내림이 있는 뺄셈을 연습하면 연산이 아주 힘들게 느껴질 수밖에 없습니다.

초등 교과서는 '수와 연산', '도형', '측정', '확률과 통계', '규칙성'의 5가지 영역을 배웁니다. 자기 학년의 수학 과정을 공부하는 것도 중요하지만, 연산을 먼저 챙기는 것이 가장 중요합니다. 연산은 나머지 수학 분야에 영향을 미치니까요.

만약 받아내림에서 실수하는 등 뺄셈이 취약하다면 뺄셈부터 집중해서 해결해 보세요. 같은 영역끼리 모아서 집중적으로 연습하면 개념을 스스로 이해하고 정리할 수 있습니다. 방학과 같이 집중할 수 있는 시간이 주어졌을 때 자신이 약하다고 생각하는 영역을 단기간 집중적으로 훈련하여 보강해 보는 건 어떨까요?

덧셈만, 또는 뺄셈만 한 권으로 모아서 집중 훈련하면 효율적!

**펑펑 쏟아져야
눈이 쌓이듯,
공부도 집중해야
실력이 쌓인다!**

눈이 쌓이는 걸 본 적이 있나요? 눈이 오다 말면 모두 녹아 버리지만, 펑펑 쏟아지면 차곡차곡 바닥에 쌓입니다. 공부도 마찬가지입니다. 며칠에 한 단계씩, 찔끔찔끔 공부하면 배운 게 쌓이지 않고 눈처럼 녹아 버립니다. 집중해서 펑펑 공부해야 실력이 차곡차곡 쌓입니다.

'바빠 연산법' 시리즈는 한 권에 22단계씩 모두 2권으로 구성되어 있습니다. 몇 달에 걸쳐 푸는 것보다 하루에 1~2단계씩 10~20일 안에 푸는 것이 효율적입니다. 집중해서 공부하면 전체 맥락을 쉽게 이해할 수 있어서 한 권을 모두 푸는 데 드는 시간도 줄어들 것입니다. 어느 '하나'에 단기간 몰입하여 익히면 그것에 통달하게 되거든요.

10~20일 안에 풀면 한 권을 푸는 데
드는 시간도 줄어듭니다.

● 1, 2학년 덧셈과 뺄셈 왜 중요할까? ●

초등 수학의 핵심인 자연수의 사칙연산을 완벽하게 이해하지 못하면 분수, 소수의 사칙연산은 물론이고, 도형이나 측정 영역에서도 흔들립니다. 사칙연산에서도 기본은 덧셈과 뺄셈입니다. 기본적으로 곱셈은 같은 수를 반복해서 더하는 것이고, 나눗셈은 같은 수를 반복해서 빼는 것을 말합니다. 이처럼 덧셈과 뺄셈을 잘하는 아이들은 곱셈과 나눗셈도 수월하게 배울 수 있습니다. 수학의 가장 기본이 되는 덧셈과 뺄셈의 연산 원리만 잘 이해해도 탄탄한 실력으로 응용력도 강해집니다.

학원 선생님과
독자의 의견 덕분에 더 좋아졌어요!

'바빠 연산법'이 개정 교육과정을 반영해 새롭게 나왔습니다. 이번 판에서는 '바빠 연산법'을 이미 풀어 본 학생, 학부모, 학원 선생님들의 의견을 받아 학습 효과를 더욱 높였습니다. 이를 위해 학생이 직접 푼 교재 30여 권을 다시 수거해 아이들이 어떻게 풀었는지, 어느 부분에서 자주 틀렸는지 등의 실제 학습 패턴을 파악했습니다. 또한 아이의 학습을 어떻게 진행했는지 학부모, 학원 선생님들과 소통했습니다. 이렇게 독자 여러분의 생생한 의견을 종합해 '진짜 효과적인 방법', '직접 도움을 주는 방향'으로 구성했습니다.

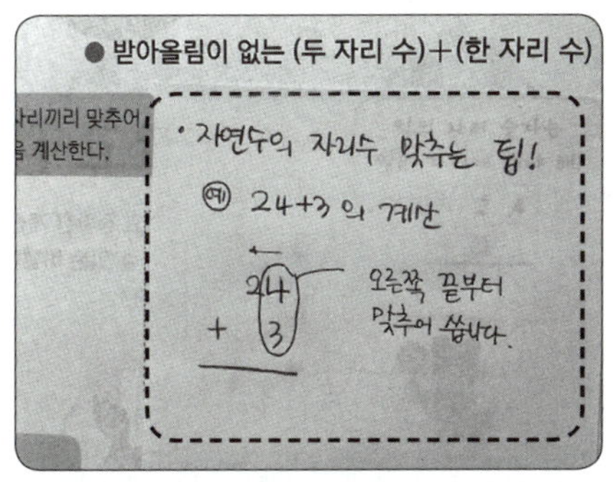

수학학원 원장님에게 받은 꿀팁 수록!

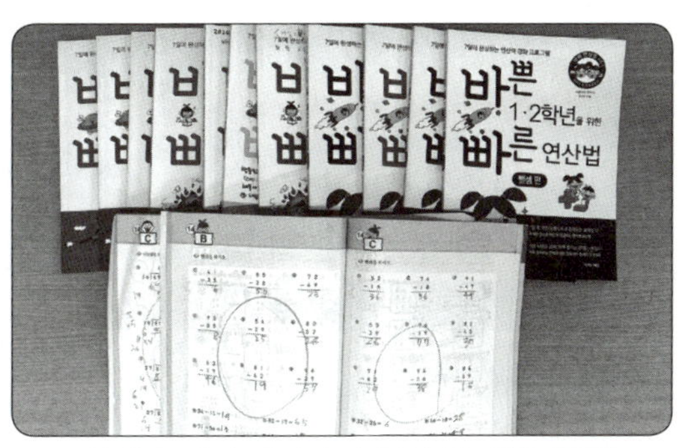

실제 독자가 푼 '바빠 연산법' 책을 통해 학습 패턴 파악!

✪ 우리 집에서도 진단 평가 후 맞춤 학습 가능!

집에서도 현재 아이의 학습 상태를 정확하게 진단하고, 맞춤형 학습 계획을 세우고 싶다는 학부모님의 의견을 반영하여, 수학 학원 원장님들이 자주 쓰는 진단 평가 방식을 적용했습니다.

▶▶▶ 13쪽

✪ 쉬운 부분은 빠르게 훑고, 어려운 내용은 더 많이 연습하는 탄력적 배치!

기계적으로 반복하는 연산 문제는 풀기 싫어한다는 의견을 적극 반영하여, 간단한 연습만으로도 충분한 단계는 3쪽으로, 더 많은 연습이 필요한 단계는 4쪽으로 확대하여 더욱 탄력적으로 구성했습니다. 기계적인 반복 훈련을 배제하여 같은 시간을 들여도 더 효율적으로 공부할 수 있습니다.

선생님이 바로 옆에 계신 듯한 설명

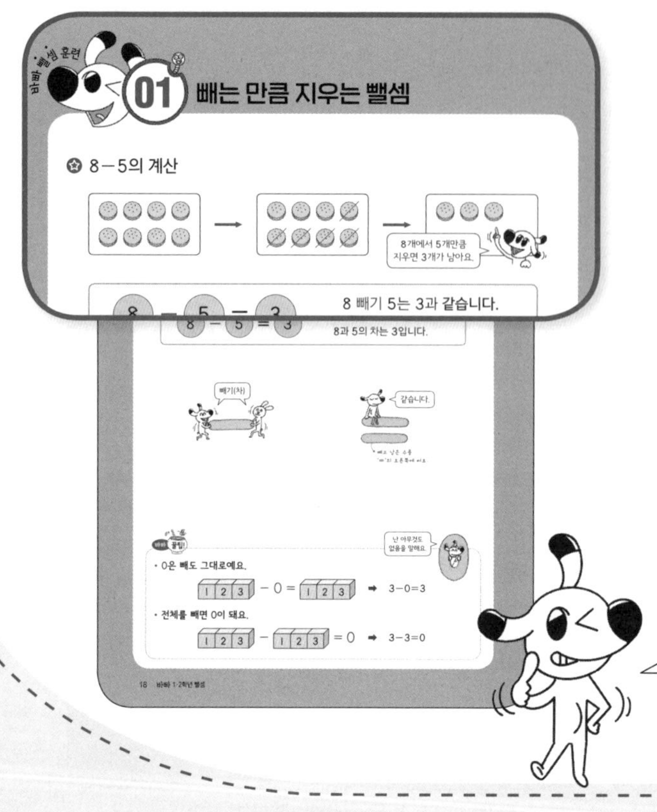

무조건 풀지 않는다!
개념을 보고 '느낌 알면서~.'

개념을 바르게 이해하지 못한 채 생각 없이 문제만 풀다 보면 어느 순간 벽에 부딪힐 수 있어요. 기초 체력을 키우려면 영양소를 골고루 섭취해야 하듯, 연산도 훈련 과정에서 개념과 원리를 함께 접해야 기초를 건강하게 다질 수 있답니다.

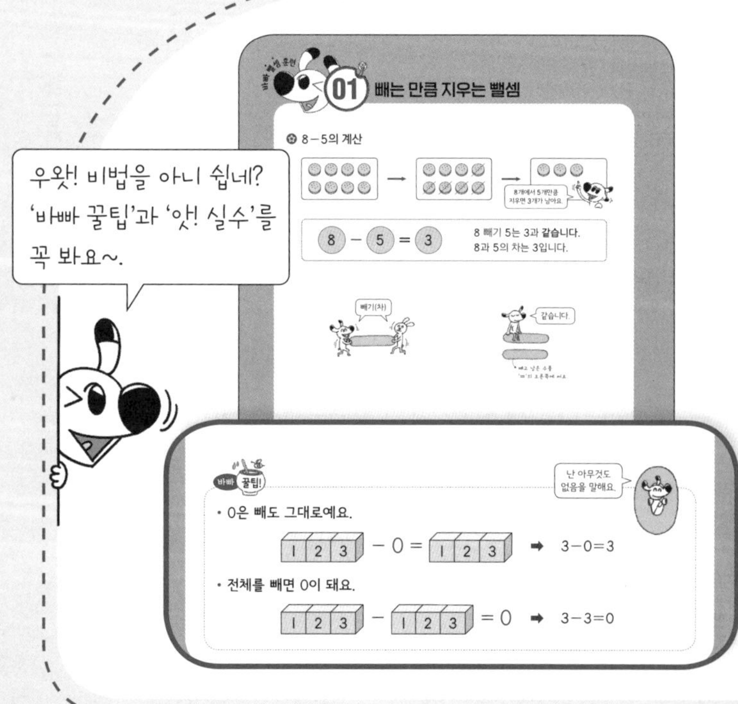

책 속의 선생님!
'바빠 꿀팁'과 '앗! 실수'로
선생님과 함께 푼다!

수학 전문학원 원장님들의 의견을 받아 책 곳곳에 친절한 도움말을 담았어요. 문제를 풀 때 알아두면 좋은 '바빠 꿀팁'부터 실수를 줄여 주는 '앗! 실수'까지! 혼자 푸는데도 선생님이 옆에 있는 것 같아요!

종합 선물 같은 훈련 문제

실력을 쌓아 주는
바빠의 '작은 발걸음' 방식!

쉬운 내용은 빠르게 학습하고, 어려운 부분은 더 많이 훈련하도록 구성해 학습 효율을 높였어요. 또한 조금씩 수준을 높여 도전하는 바빠의 '작은 발걸음 방식(small step)'으로 몰입도를 높였어요.

다양한 문제로 이해하고,
내 것으로 만드니 자신감이
저절로!

단순 계산력 문제만 연습하고 끝나지 않아요. 쉬운 생활 속 문장제와 사고력 문제를 완성하며 개념을 정리하고, 한 마당이 끝날 때마다 섞어서 연습하고, 게임처럼 즐겁게 마무리하는 종합 문제까지!

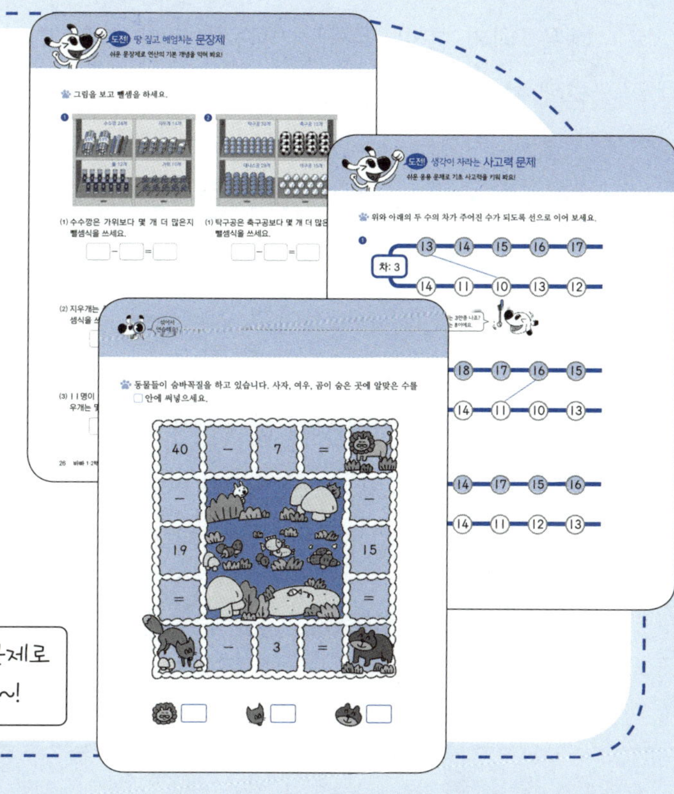

1·2학년 바빠 연산법,
집에서 이렇게 활용하세요!

'바빠 연산법 1·2학년' 시리즈는 앞으로의 수학 실력을 좌우하는 첫걸음이 될 덧셈과 뺄셈을 각각 한 권으로 정리한 영역별 연산 시리즈입니다. 각 책은 총 22단계, 각 단계마다 10~20분 내외로 풀도록 구성되어 있습니다.

☆ 연산이 어려운 친구라면?

'바빠 연산법'의 '덧셈 → 뺄셈' 순서로 개념부터 공부하기를 권합니다.

개념을 먼저 이해한 다음 문제를 풀면 연산의 재미와 성취감을 느끼게 될 거예요. 그런 다음, 내가 틀린 문제는 연습장에 따로 적어 한 번 더 반복해서 풀어 보세요. 덧셈과 뺄셈에 자신감이 생길거예요.

☆ 덧셈은 쉬운데 뺄셈이 어려운 친구라면?

덧셈 진단 평가 결과, 100점이고 2분 안에 풀었다면 '뺄셈'만 풀어도 좋습니다. 또 뺄셈 진단 평가 결과, 100점이고 2분 안에 풀었다면 바빠 연산법 1·2학년용을 안 봐도 좋습니다.

하지만 속도와 정확성을 한 번 더 향상시키고 싶다면 '덧셈'과 '뺄셈' 모두 난도가 높은 'B, C 단계 문제'와 '도전! 땅 짚고 헤엄치는 문장제', '도전! 생각이 자라는 사고력 문제' 그리고 '셋째 마당'을 집중 훈련하길 권합니다.

▶ '바빠 공부단 카페(cafe.naver.com/easyispub)'에서 수학, 영어 등 바빠 선생님의 도움을 받으며 공부할 수 있습니다.

바빠 수학,
학원에서는 이렇게 활용해요!

도움말: 더원수학 김민경 원장(네이버 '바빠 공부단 카페' 바빠쌤)

☆ 학습 결손 해결, 1:1 맞춤 보충 교재는? '바빠 연산법'

'바빠 연산법은' 영역별로 집중 훈련하도록 구성되어, 학생별 1:1 맞춤 수업 교재로 사용합니다. 분수가 부족한 학생은 분수로 빠르게 결손을 보강하고, 기초 연산 실력이 부족한 친구들은 덧셈, 뺄셈, 곱셈, 나눗셈 등 기본 연산부터 훈련합니다. 부족한 부분만 핀셋으로 콕! 집듯이 공부할 수 있어 좋아요! 숙제나 보충 교재로 활용한다면 기존 수업 방식에 큰 변화 없이도 부족한 연산 결손을 보강할 수 있어 활용도가 높습니다.

☆ 다음 학기 선행은? '바빠 교과서 연산'

'바빠 교과서 연산'은 학기 중 진도 따라 풀어도 좋은 책입니다. 그리고 방학 동안 다음 학기 선행을 준비할 때도 큰 도움이 됩니다. 일단 쉽기 때문입니다. 교과서 순서대로 빠르게 공부할 수 있어 짧은 방학 동안 부담 없이 학습할 수 있습니다. 첫 번째 교과 수학 선행 책으로 추천합니다.

☆ 서술형 대비는? '나 혼자 푼다! 수학 문장제'

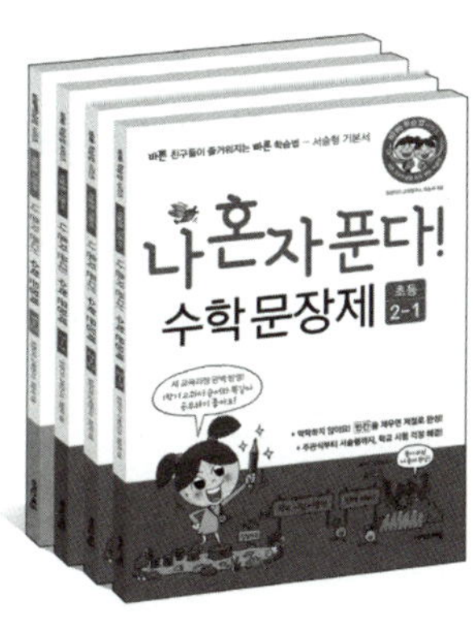

연산 영역을 보강한 학생 중 서술형을 어려워하는 학생은 마지막에 꼭 '나 혼자 푼다! 수학 문장제'를 추가로 수업합니다. 학교 교과 수준의 어렵지도 쉽지도 않은 딱 적당한 난이도라, 공부하기 좋아요. 다양한 꿀팁과 친절한 설명이 담겨 있는 시리즈로, 학생 혼자서도 충분히 풀 수 있어 숙제로 내주기도 합니다.

진단 평가

'차근차근 문제를 풀어 더 정확하게 확인하겠다!' 면 20문항을 모두 풀고,
'빠르게 확인하고 계획을 세울 자신이 있다!' 면 짝수 문항만 풀어 보세요.

내 실력은 어느 정도일까?	진단할 시간이 부족하다면?
10분 진단	**5분 진단**

평가 문항: 20문항	**평가 문항: 10문항**
1학년은 풀지 않아도 됩니다. ➡ 바로 20일 진도로 진행!	학원이나 공부방 등에서 진단 시간이 부족할 때 사용!

 시계가 준비 됐나요?
자! 이제, 제시된 시간 안에 진단 평가를 풀어 본 후
16쪽의 '권장 진도표'를 참고하여 공부 계획을 세워 보세요.

뺄셈 진단 평가

🐾 뺄셈을 하세요.

① $9-3=$

② $11-6=$

③ $14-7=$

④ $16-9=$

⑤ $12-5-3=$

⑥ $7+6-8=$

⑦
$$\begin{array}{r} 2\,7 \\ -4 \\ \hline \end{array}$$

⑧
$$\begin{array}{r} 8\,5 \\ -2\,0 \\ \hline \end{array}$$

⑨
$$\begin{array}{r} 4\,9 \\ -1\,6 \\ \hline \end{array}$$

⑩
$$\begin{array}{r} 3\,3 \\ -7 \\ \hline \end{array}$$

⑪
$$\begin{array}{r} 7\,4 \\ -3\,9 \\ \hline \end{array}$$

⑫
$$\begin{array}{r} 5\,1 \\ -2\,8 \\ \hline \end{array}$$

⑬
$$\begin{array}{r} 6\,0 \\ -1\,3 \\ \hline \end{array}$$

⑭
$$\begin{array}{r} 9\,2 \\ -2\,4 \\ \hline \end{array}$$

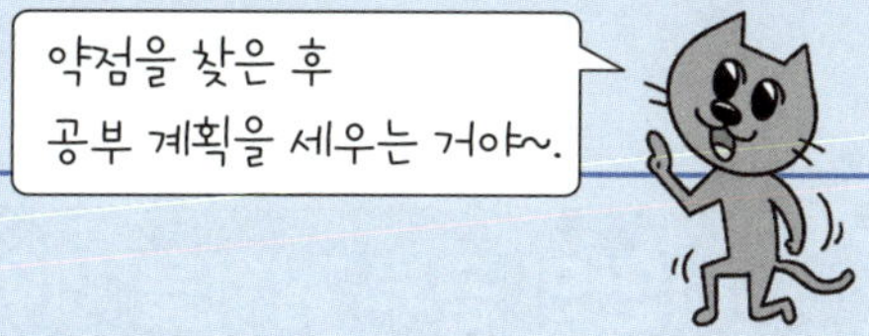

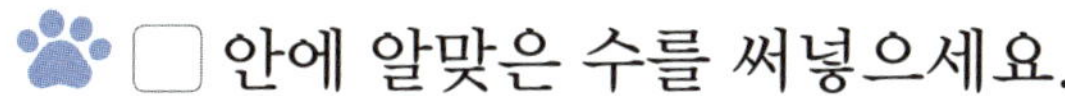

□ 안에 알맞은 수를 써넣으세요.

⑮ $52+37=89$

$89-\boxed{}=52$

$89-\boxed{}=37$

⑯ $75-47=28$

$47+\boxed{}=75$

$\boxed{}+\boxed{}=75$

⑰ $12-\boxed{}=9$

⑱ $\boxed{}-8=9$

⑲

$$\begin{array}{r}\boxed{}\ 8 \\ -\ 2\ \boxed{} \\ \hline 4\ 5\end{array}$$

⑳

$$\begin{array}{r}7\ \boxed{} \\ -\ \boxed{}\ 6 \\ \hline 3\ 9\end{array}$$

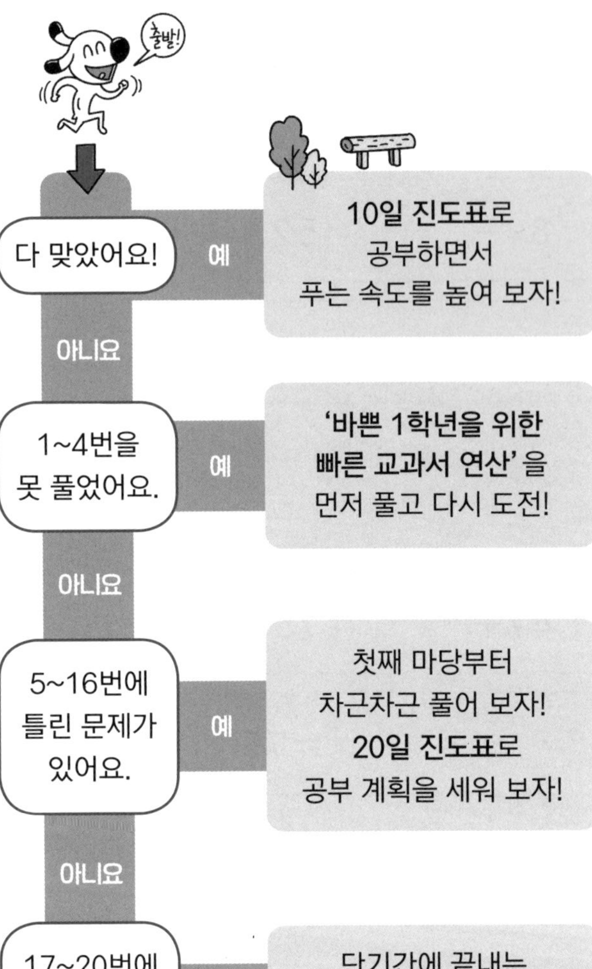

권장 진도표

★	20일 진도	10일 진도
1일	01 ~ 02	01 ~ 04
2일	03 ~ 04	05 ~ 07
3일	05	08 ~ 09
4일	06	10 ~ 11
5일	07	12 ~ 13
6일	08	14 ~ 15
7일	09	16
8일	10	17 ~ 18
9일	11	19 ~ 20
10일	12	21 ~ 22
11일	13	
12일	14	
13일	15	
14일	16	
15일	17	
16일	18	
17일	19	
18일	20	
19일	21	
20일	22	

첫째 마당

뺄셈의 기초

첫째 마당에서는 뺄셈이 무엇인지, 또 덧셈과 뺄셈은 어떤 관계인지 배워요. 뺄셈을 잘하고 싶다면 뺄셈의 기초 실력이 튼튼해야 해요. 뺄셈의 기초를 튼튼하게 다지러 가 볼까요?

	공부할 내용!	완료	10일 진도	20일 진도
01	빼는 만큼 지우는 뺄셈	☐		1일차
02	받아내림이 없는 뺄셈은 쉬워	☐	1일차	
03	세 수의 뺄셈은 두 수씩 차례로!	☐		2일차
04	덧셈과 뺄셈이 섞여 있어도 앞에서부터!	☐		
05	덧셈과 뺄셈은 아주 친한 관계!	☐		3일차
06	덧셈과 뺄셈의 관계로 완성하는 식	☐	2일차	4일차
07	뺄셈의 기초 종합 문제	☐		5일차

빼는 만큼 지우는 뺄셈

☆ 8−5의 계산

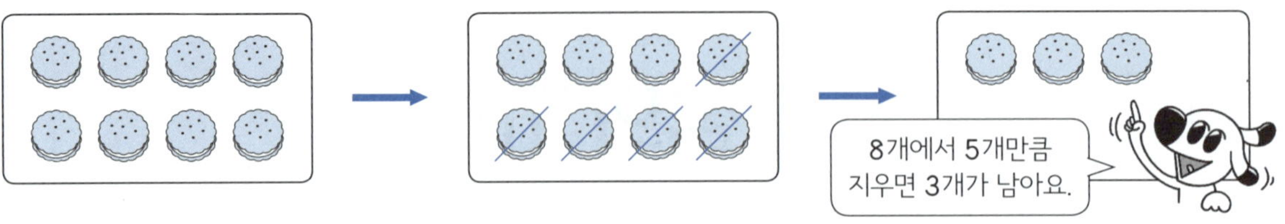

$$8 - 5 = 3$$

8 **빼기** 5는 3과 같습니다.
8과 5의 **차**는 3입니다.

• 0은 빼도 그대로예요.

$$\boxed{1\ 2\ 3} - 0 = \boxed{1\ 2\ 3} \quad \Rightarrow \quad 3-0=3$$

• 전체를 빼면 0이 돼요.

$$\boxed{1\ 2\ 3} - \boxed{1\ 2\ 3} = 0 \quad \Rightarrow \quad 3-3=0$$

🐾 ☐ 안에 알맞은 수를 써넣으세요.

① 차가 1인 뺄셈

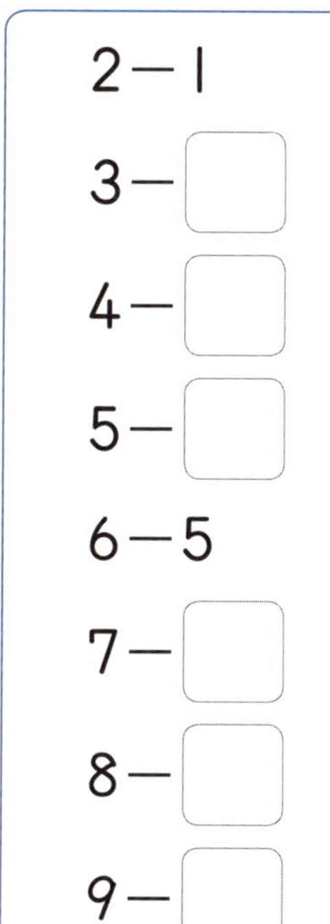

$2-1$

$3-☐$

$4-☐$

$5-☐$

$6-5$

$7-☐$

$8-☐$

$9-☐$

② 차가 2인 뺄셈

$3-☐$

$4-2$

$5-☐$

$6-☐$

$7-☐$

$8-6$

$9-☐$

③ 차가 3인 뺄셈

$4-☐$

$5-☐$

$6-☐$

$7-☐$

$8-☐$

$9-☐$

④ 차가 4인 뺄셈

$5-☐$

$6-☐$

$7-☐$

$8-☐$

$9-☐$

⑤ 차가 5인 뺄셈

$6-☐$

$7-☐$

$8-☐$

$9-☐$

⑥ 차가 6인 뺄셈

$7-☐$

$8-☐$

$9-☐$

뺄셈을 하세요.

1
$3-3=$
$4-3=$
$5-3=$

2
$2-1=$
$3-1=$
$4-1=$

3
$5-4=$
$6-4=$
$7-4=$

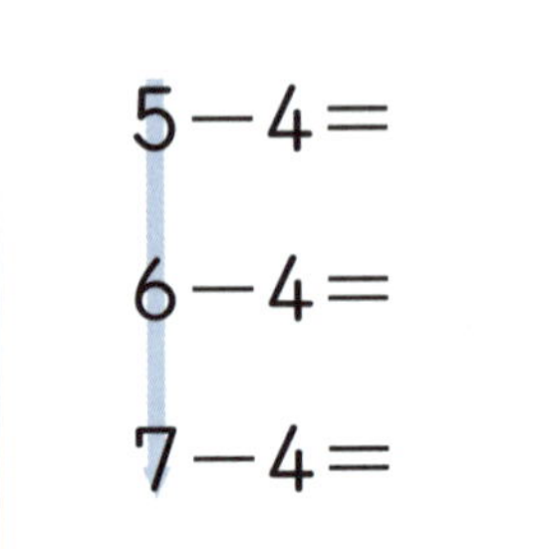

4
$5-3=$
$4-3=$
$3-3=$

5
$7-2=$
$6-2=$
$5-2=$

6
$9-5=$
$8-5=$
$7-5=$

7
$4-2=$
$5-3=$
$6-4=$

8
$6-3=$
$5-2=$
$4-1=$

9
$8-1=$
$7-2=$
$6-3=$

쉬운 응용 문제로 기초 사고력을 키워 봐요!

🐾 ☐ 안에 알맞은 수를 써넣으세요.

1 $3 - 1 = \boxed{2}$ ⟷ $30 - 10 = \boxed{2}\,0$
$3 - 1 = 2$

2 $5 - 2 = \boxed{}$ ⟷ $50 - 20 = \boxed{}\,0$

3 $6 - 3 = \boxed{}$ ⟷ $60 - 30 = \boxed{}\,0$

4 $7 - 6 = \boxed{}$ ⟷ $70 - 60 = \boxed{}\,0$

5 $4 - 2 = \boxed{}$ ⟷ $40 - 20 = \boxed{}$

6 $8 - 5 = \boxed{}$ ⟷ $80 - 50 = \boxed{}$

02 받아내림이 없는 뺄셈은 쉬워

☆ 받아내림이 없는 (두 자리 수)−(한 자리 수)

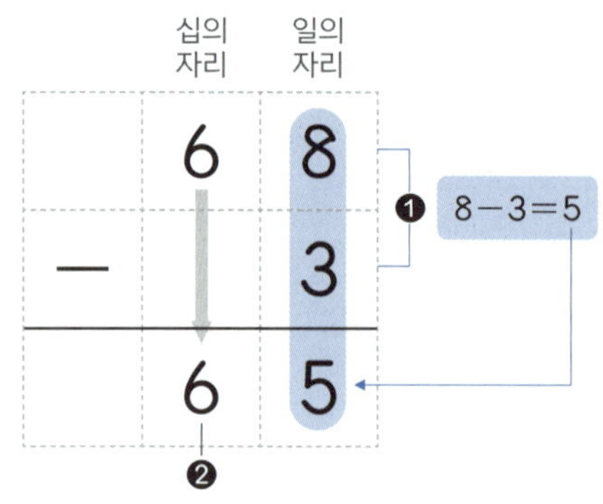

바빠 꿀팁!

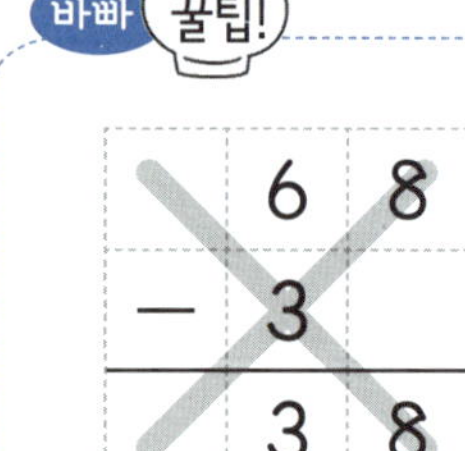 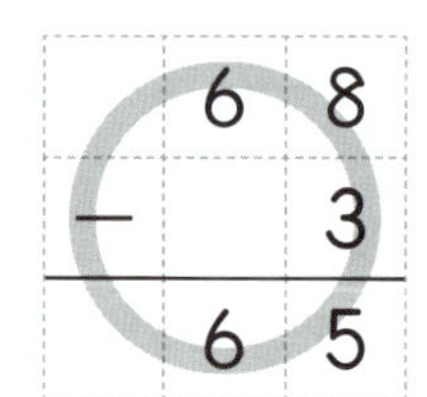

자리를 맞출 땐
오른쪽 끝자리부터 맞추어 써요.

☆ 받아내림이 없는 (두 자리 수)−(두 자리 수)

• 세로로 계산하기

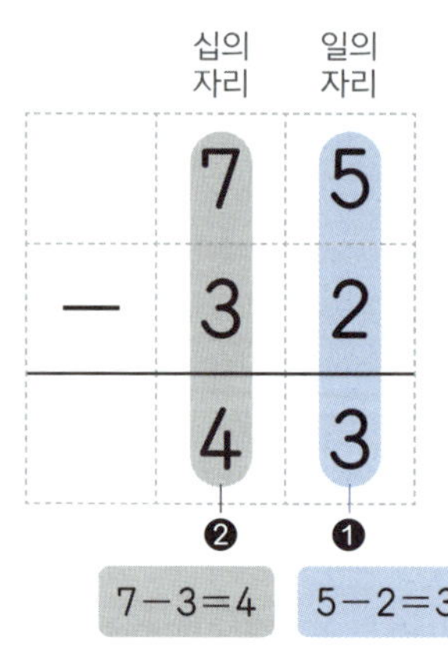

• 가로로 계산하기

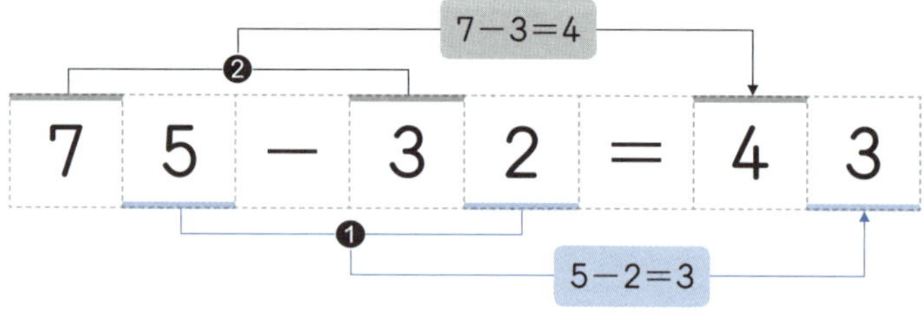

받아내림이 없는 (두 자리 수)−(한 자리 수)는
일의 자리를 계산한 다음 십의 자리는 그대로 내려 써 주면 돼요.

🐾 뺄셈을 하세요.

1
```
  1 7
−   2      ❶ 7−2=5
─────
  1 5
```

2
```
  2 5
−   4
─────
```

3
```
  3 8
−   3
─────
```

4
```
  4 3
−   1
─────
```

5
```
  5 6
−   2
─────
```

6
```
  6 4
−   4
─────
```

7
```
  7 9
−   5
─────
```

8
```
  8 8
−   2
─────
```

9
```
  9 7
−   3
─────
```

10 26−2=
  ❶ 6−2=4
  ❷ 2 그대로 쓰기

11 49−6=

12 63−3=

13 78−6=

14 85−4=

15 94−3=

🐾 뺄셈을 하세요.

①
$$\begin{array}{r} 3\,0 \\ -\,1\,0 \\ \hline 2\,0 \end{array}$$

②
$$\begin{array}{r} 6\,0 \\ -\,1\,0 \\ \hline \end{array}$$

③
$$\begin{array}{r} 8\,0 \\ -\,2\,0 \\ \hline \end{array}$$

④
$$\begin{array}{r} 9\,0 \\ -\,5\,0 \\ \hline \end{array}$$

⑤
$$\begin{array}{r} 6\,0 \\ -\,4\,0 \\ \hline \end{array}$$

⑥
$$\begin{array}{r} 5\,0 \\ -\,2\,0 \\ \hline \end{array}$$

⑦
$$\begin{array}{r} 7\,0 \\ -\,2\,0 \\ \hline \end{array}$$

⑧
$$\begin{array}{r} 8\,0 \\ -\,7\,0 \\ \hline \end{array}$$

⑨
$$\begin{array}{r} 9\,0 \\ -\,2\,0 \\ \hline \end{array}$$

⑩ $40-10=$

⑪ $80-40=$

⑫ $90-30=$

⑬ $50-20=$

⑭ $70-60=$

⑮ $90-70=$

🐾 **뺄셈을 하세요.**

①
$$\begin{array}{r} 3\ 6 \\ -\ 1\ 0 \\ \hline \end{array}$$

②
$$\begin{array}{r} 7\ 2 \\ -\ 4\ 0 \\ \hline \end{array}$$

③
$$\begin{array}{r} 4\ 4 \\ -\ 1\ 3 \\ \hline \end{array}$$

④
$$\begin{array}{r} 6\ 5 \\ -\ 2\ 2 \\ \hline \end{array}$$

⑤
$$\begin{array}{r} 5\ 7 \\ -\ 3\ 1 \\ \hline \end{array}$$

⑥
$$\begin{array}{r} 7\ 6 \\ -\ 5\ 5 \\ \hline \end{array}$$

⑦
$$\begin{array}{r} 8\ 9 \\ -\ 1\ 4 \\ \hline \end{array}$$

⑧
$$\begin{array}{r} 9\ 3 \\ -\ 6\ 3 \\ \hline \end{array}$$

⑨ $67-35=$

⑩ $49-26=$

⑪ $58-17=$

⑫ $74-30=$

⑬ $85-51=$

⑭ $96-43=$

🐾 그림을 보고 뺄셈을 하세요.

1 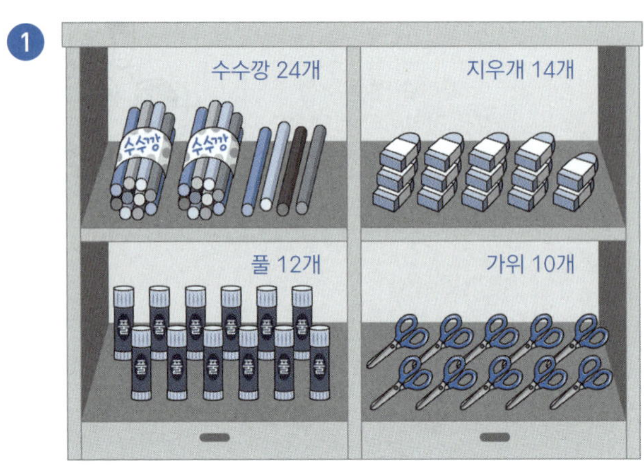

2 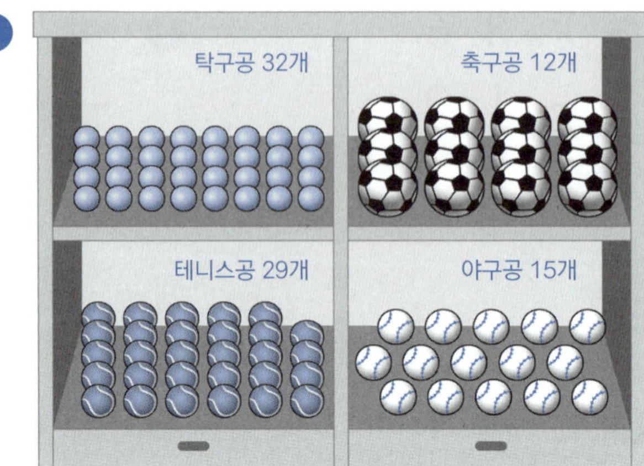

(1) 수수깡은 가위보다 몇 개 더 많은지 뺄셈식을 쓰세요.

$$\boxed{} - \boxed{} = \boxed{}$$

(1) 탁구공은 축구공보다 몇 개 더 많은지 뺄셈식을 쓰세요.

$$\boxed{} - \boxed{} = \boxed{}$$

(2) 지우개는 풀보다 몇 개 더 많은지 뺄셈식을 쓰세요.

$$\boxed{} - \boxed{} = \boxed{}$$

(2) 테니스공은 야구공보다 몇 개 더 많은지 뺄셈식을 쓰세요.

$$\boxed{} - \boxed{} = \boxed{}$$

(3) 11명이 지우개를 한 개씩 사 가면 지우개는 몇 개 남는지 뺄셈식을 쓰세요.

$$\boxed{} - \boxed{} = \boxed{}$$

(3) 테니스공을 11개 사 가면 테니스공은 몇 개 남는지 뺄셈식을 쓰세요.

$$\boxed{} - \boxed{} = \boxed{}$$

세 수의 뺄셈은 두 수씩 차례로!

☆ 8−1−3의 계산

• 세로로 계산하기

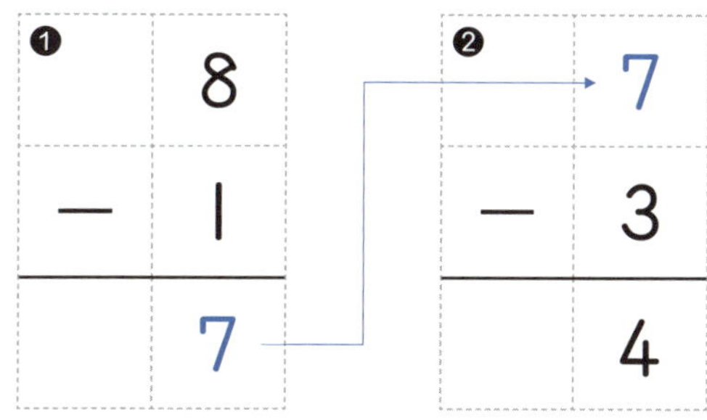

• 가로로 계산하기

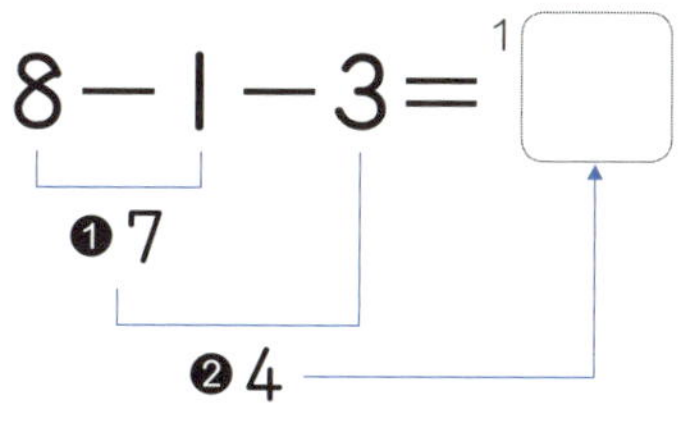

$$8-1-3=\boxed{}$$

• 뺄셈은 꼭 앞에서부터 계산해요.

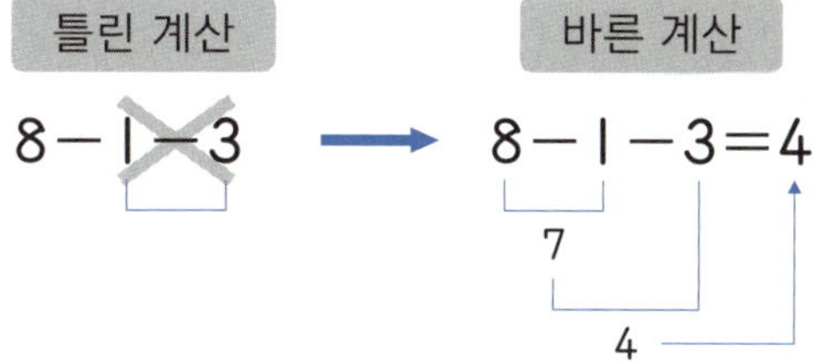

틀린 계산	바른 계산
8−1−3	8−1−3=4

틀린 계산	바른 계산
8−3−1=6	8−3−1=4

🐾 세 수의 뺄셈을 하세요.

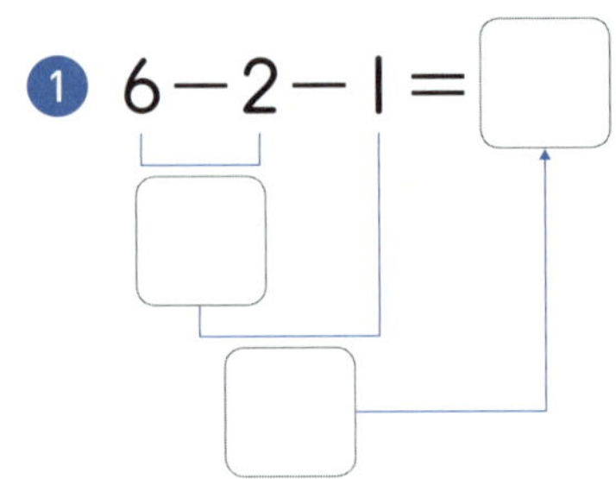

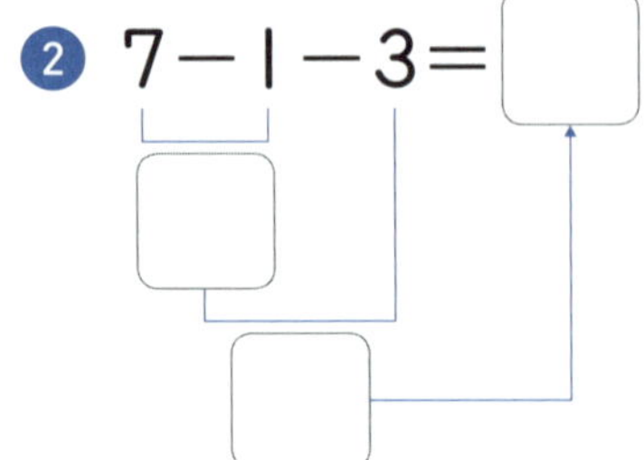

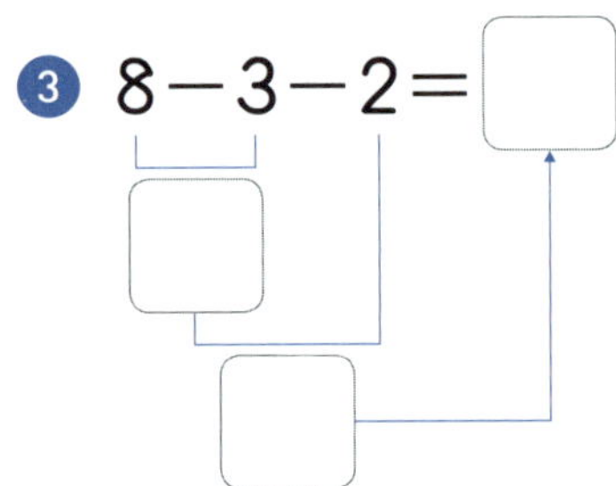

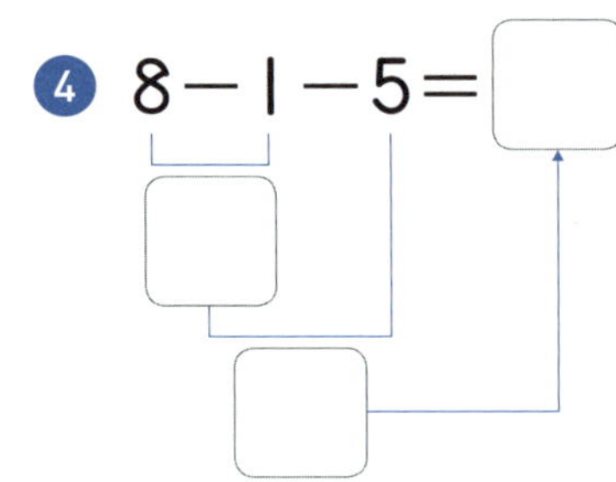

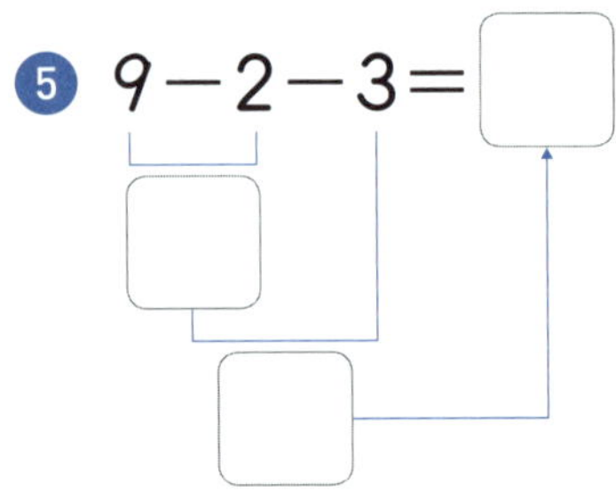

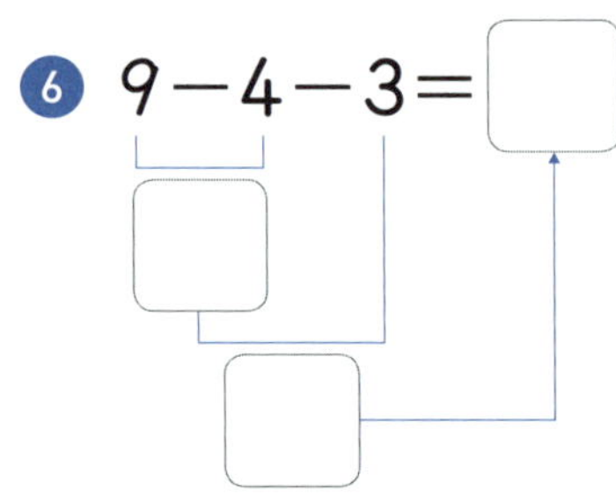

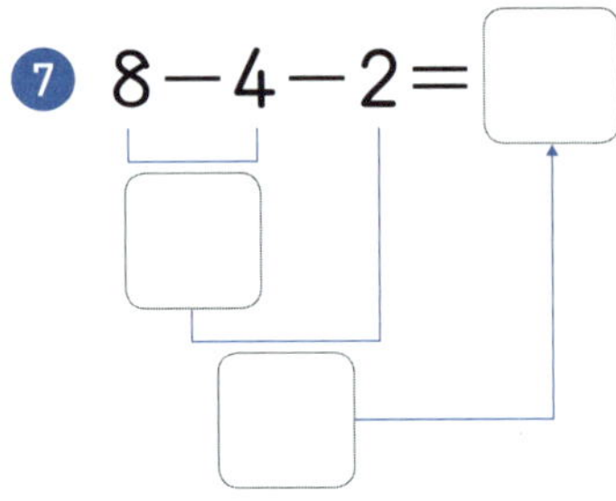

⑧ 9−3−1=

⑨ 9−6−2=

⑩ 7−2−4=

세 수의 뺄셈을 하세요.

① $19 - 3 - 4 =$ 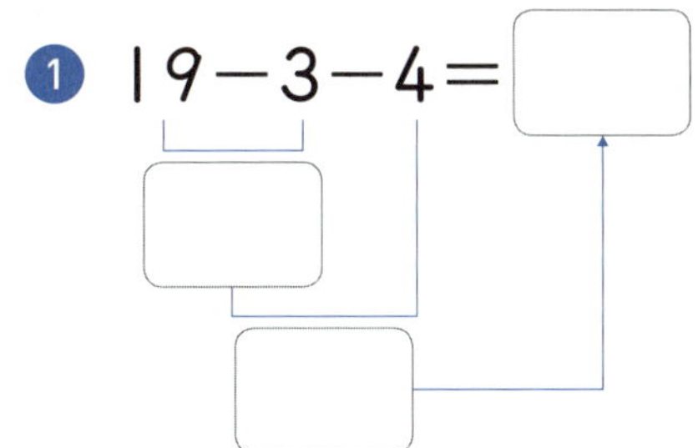

② $28 - 2 - 16 =$ 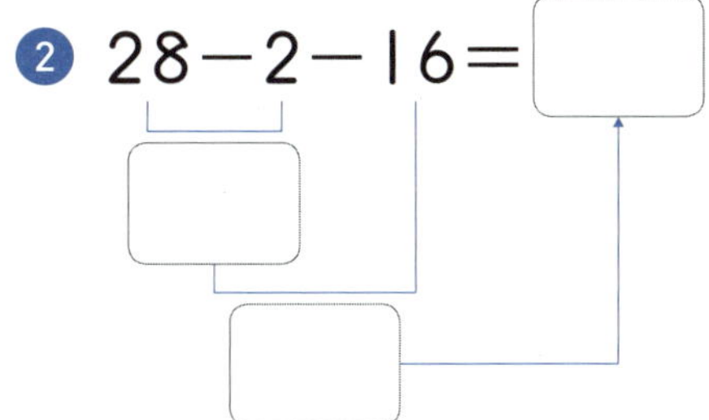

③ $17 - 3 - 3 =$ 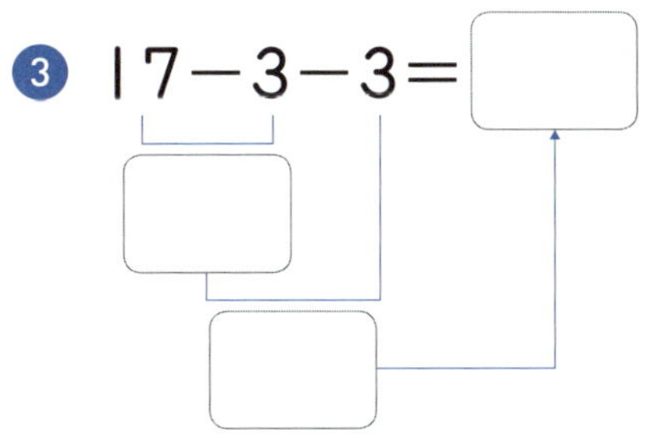

④ $19 - 6 - 1 =$ 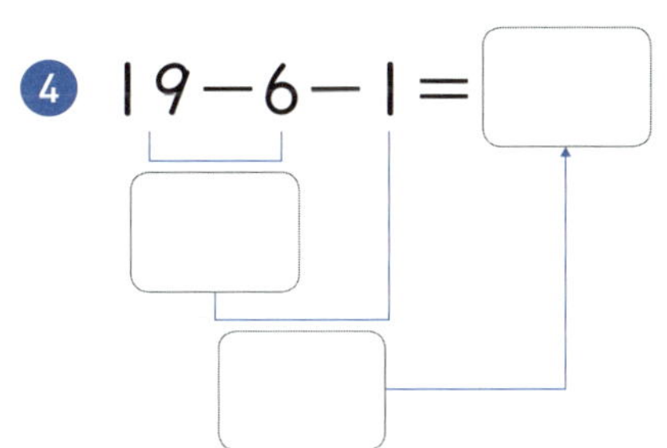

⑤ $39 - 7 - 12 =$ 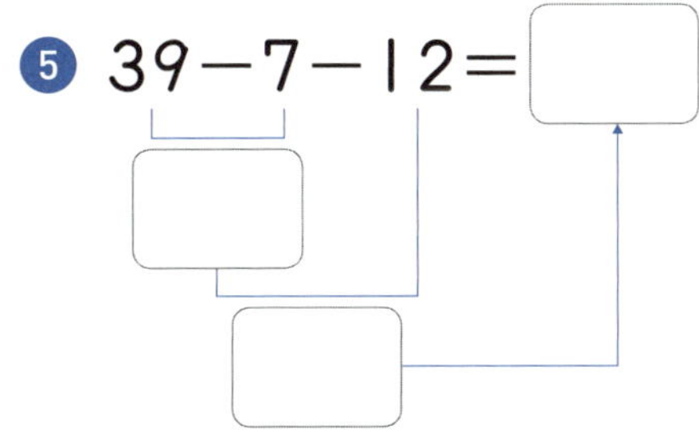

⑥ $26 - 4 - 11 =$ 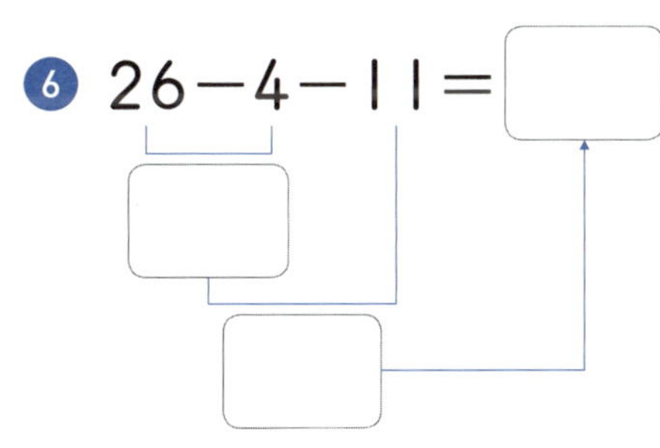

⑦ $49 - 13 - 5 =$ 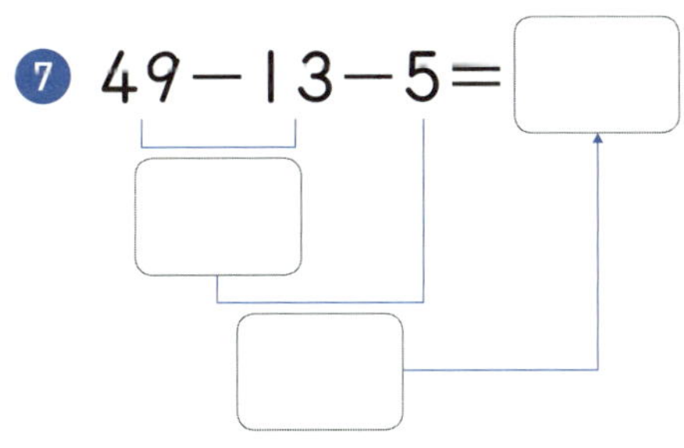

⑧ $56 - 12 - 2 =$ 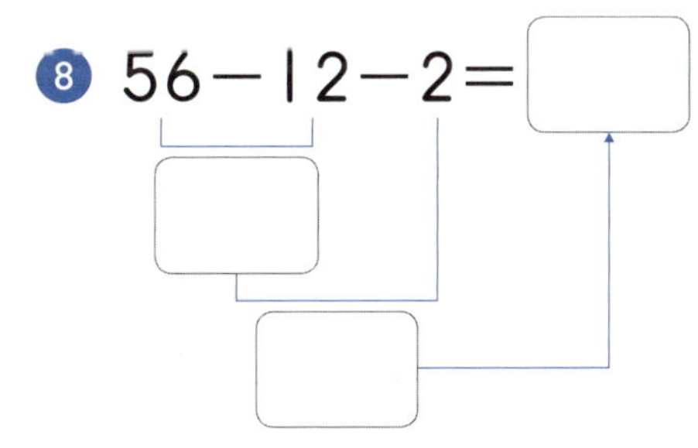

⑨ $28 - 13 - 5 =$ ☐

⑩ $25 - 2 - 11 =$ ☐

도전! 생각이 자라는 사고력 문제

쉬운 응용 문제로 기초 사고력을 키워 봐요!

🐾 빈칸에 알맞은 수를 써넣으세요.

1

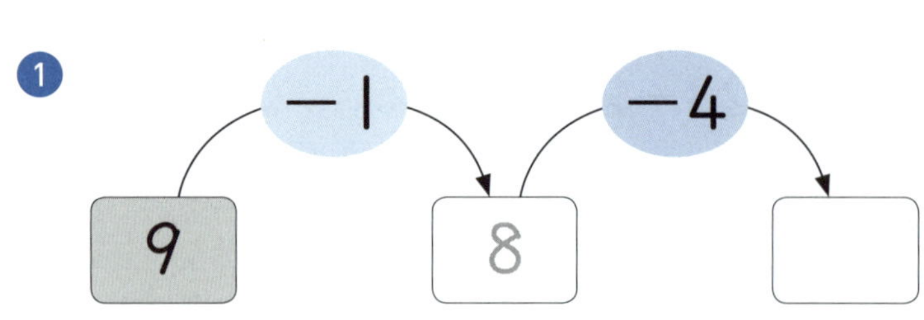

➡ 9 − 1 − 4 = ☐

2

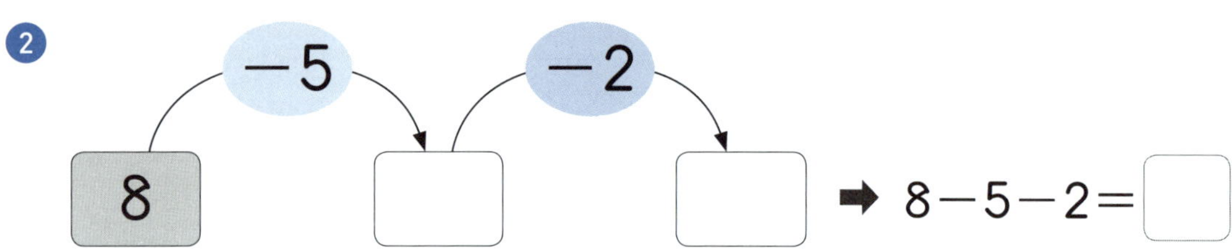

➡ 8 − 5 − 2 = ☐

3

➡ 7 − 3 − 2 = ☐

4

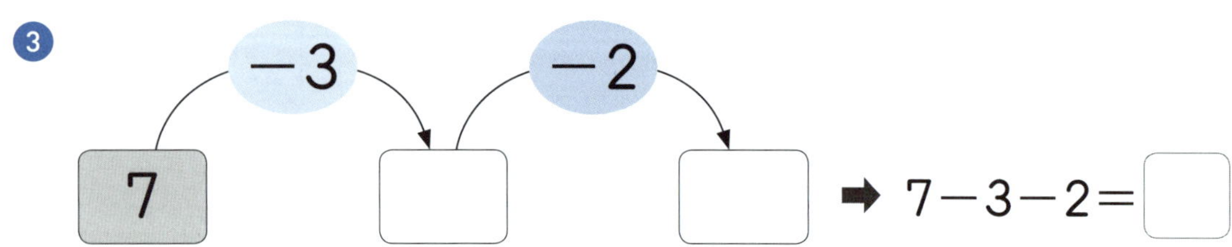

➡ 8 − 2 − 3 = ☐

04 덧셈과 뺄셈이 섞여 있어도 앞에서부터!

☆ 5+4−6의 계산

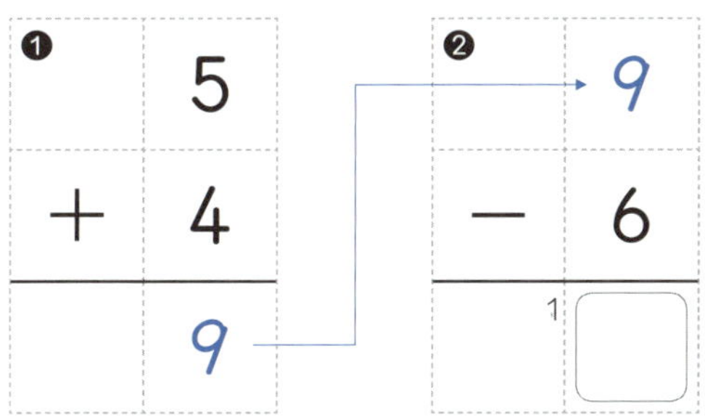

• 세로로 계산하기

• 가로로 계산하기

$$5+4-6=\boxed{3}$$

☆ 5−4+6의 계산

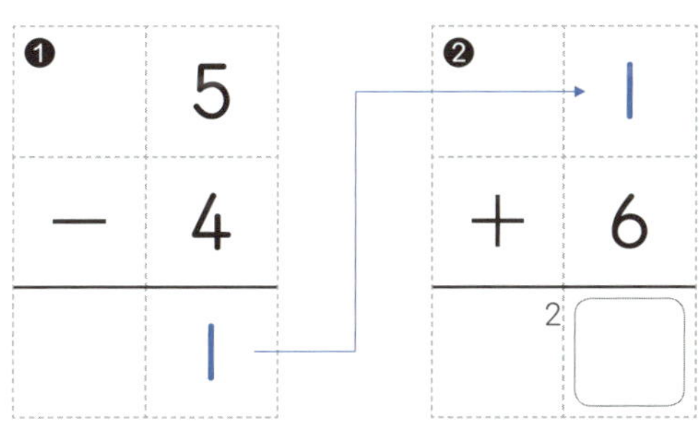

• 세로로 계산하기

• 가로로 계산하기

$$5-4+6=\boxed{7}$$

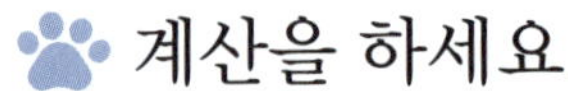

🐾 계산을 하세요.

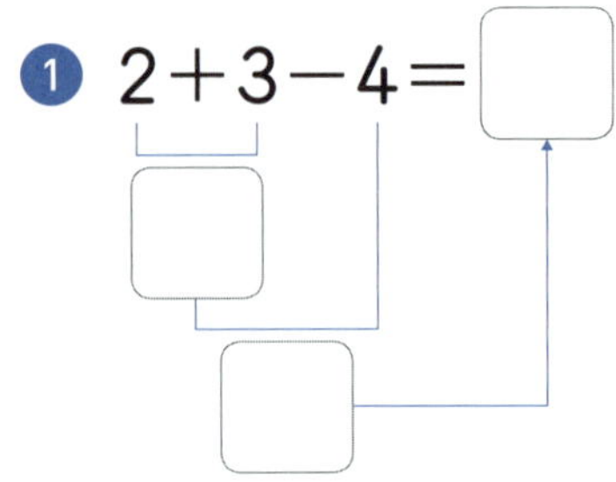

❶ $2+3-4=$

❷ $9-6+4=$

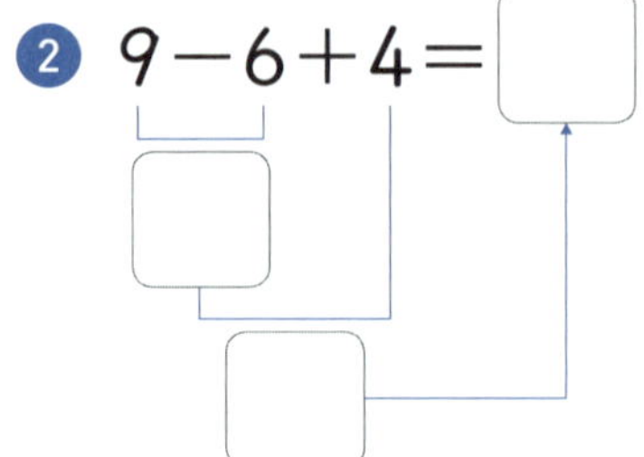

❸ $5+1-3=$

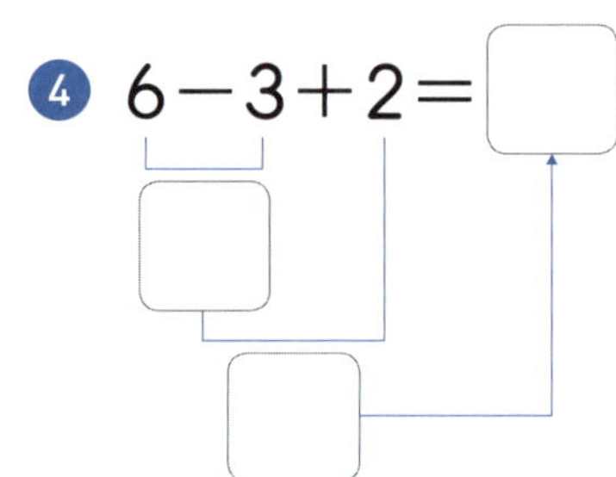

❹ $6-3+2=$

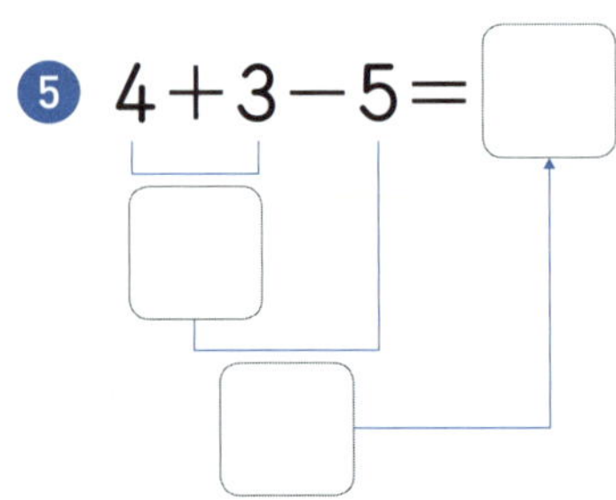

❺ $4+3-5=$

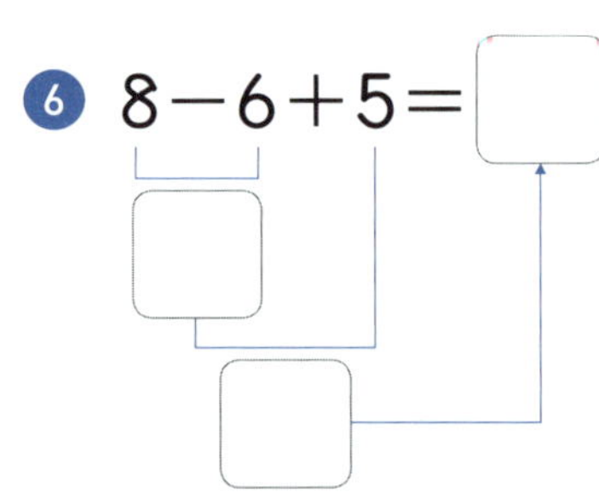

❻ $8-6+5=$

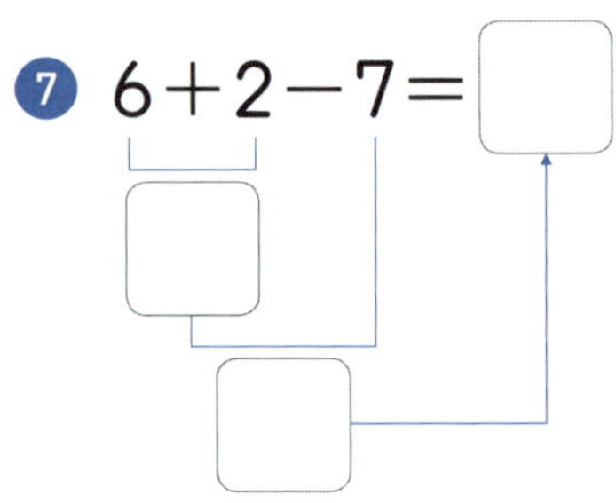

❼ $6+2-7=$

❽ $7-2+4=$

❾ $3+5-2=$

❿ $9-5+3=$

계산을 하세요.

1 $17+7-3=$

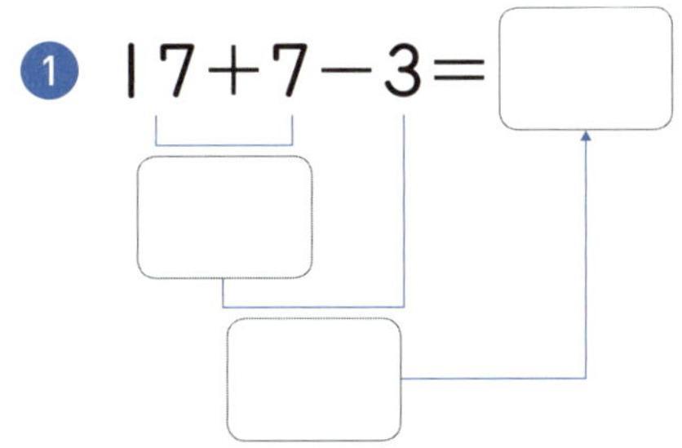

2 $6+8-4=$

3 $7-3+8=$

4 $7+8-12=$

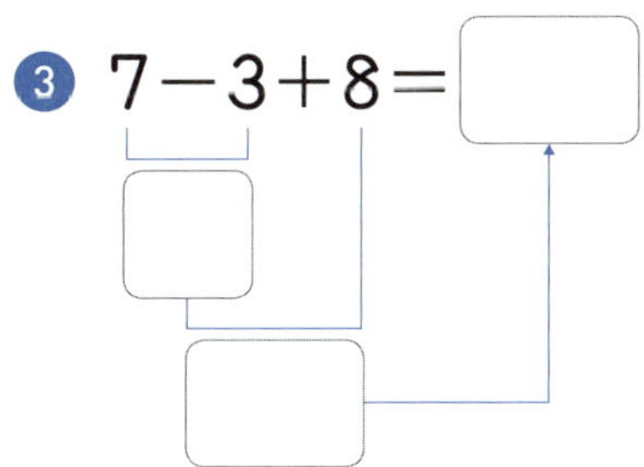

5 $9-3+5=$

6 $9+8-13=$

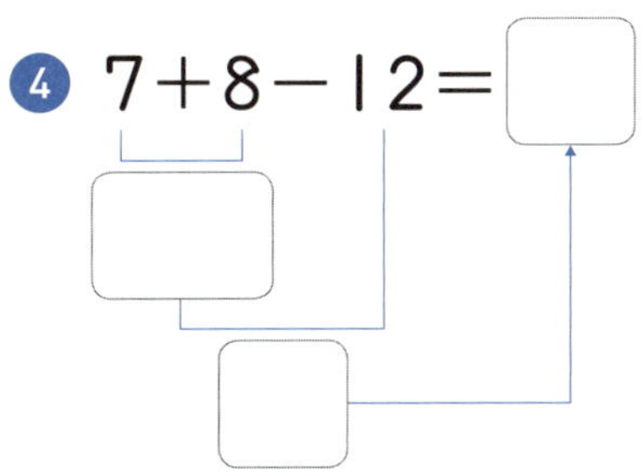

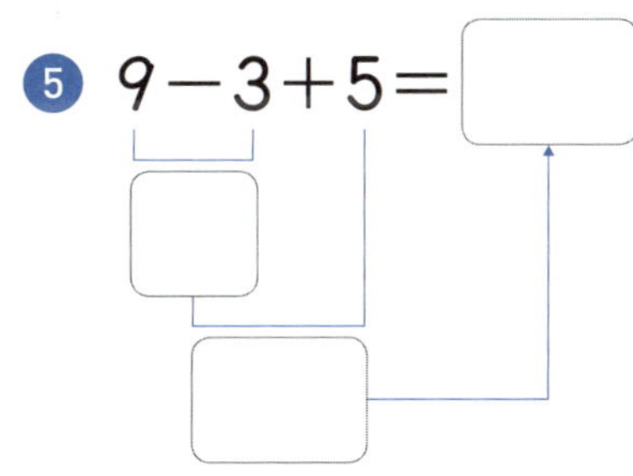

7 $6-1+7=$

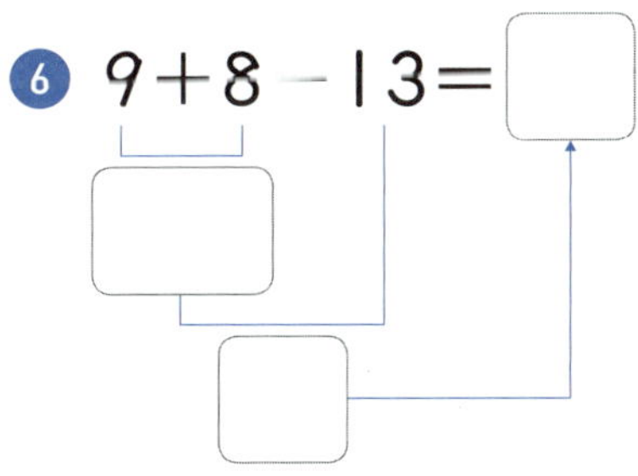

8 $7+5-1=$

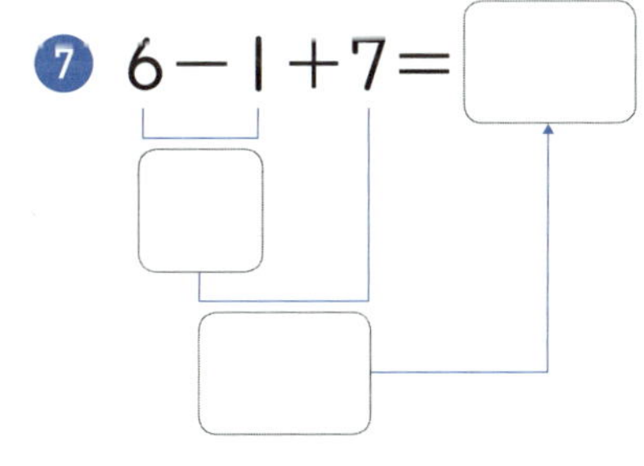

9 $8-2+8=$

🐾 ☐ 안에 알맞은 수를 써넣으세요.

1 

19명이 타고 있던 스쿨버스에서 8명이 내리고, 2명이 더 타면 스쿨버스에는 ☐ 명이 있습니다.

$$19 - 8 + \boxed{} = \boxed{}$$

2 

초콜릿 27개 중에서 15개를 동생에게 주고 9개를 더 사왔더니 ☐ 개가 되었습니다.

$$27 - \boxed{} + \boxed{} = \boxed{}$$

3 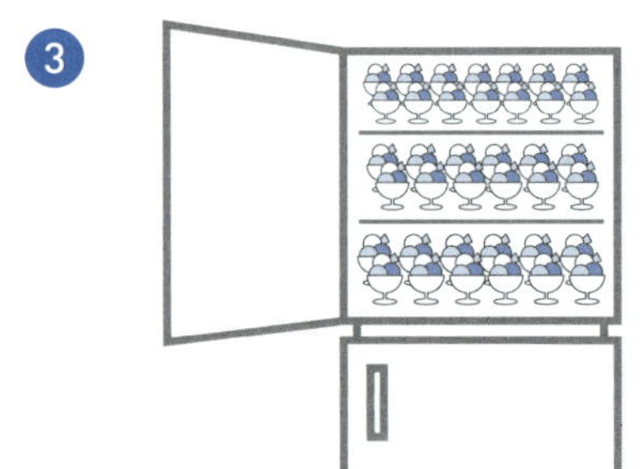

아이스크림 28개에서 10개를 더 사서 넣은 다음 그중 5개를 먹었더니 ☐ 개가 남았습니다.

$$28 + \boxed{} - \boxed{} = \boxed{}$$

05 덧셈과 뺄셈은 아주 친한 관계!

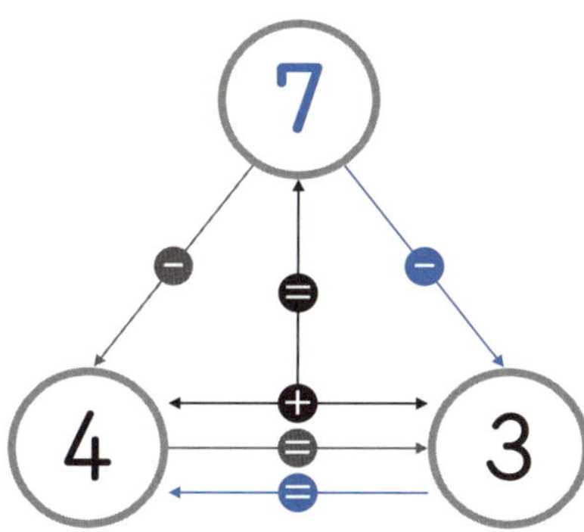

$$7-3=4, \quad 7-4=3$$
$$4+3=7, \quad 3+4=7$$

☆ 덧셈식을 뺄셈식 2개로 나타내기

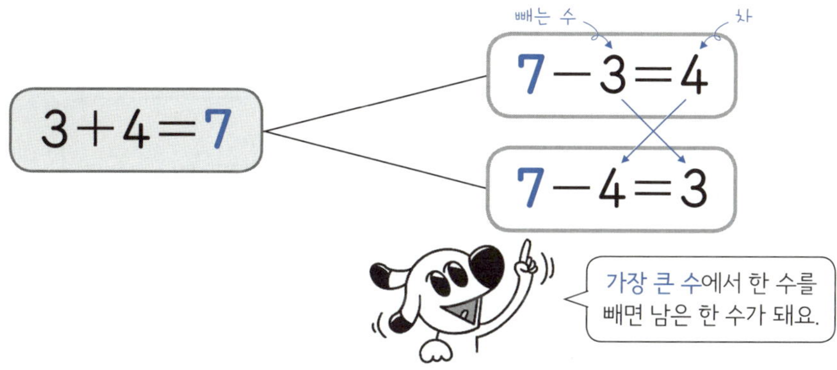

☆ 뺄셈식을 덧셈식 2개로 나타내기

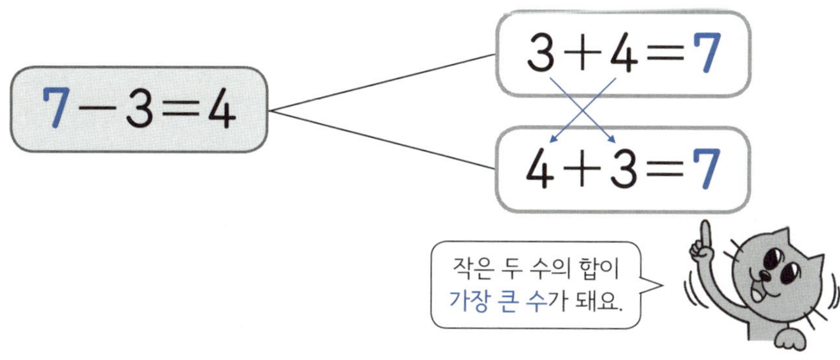

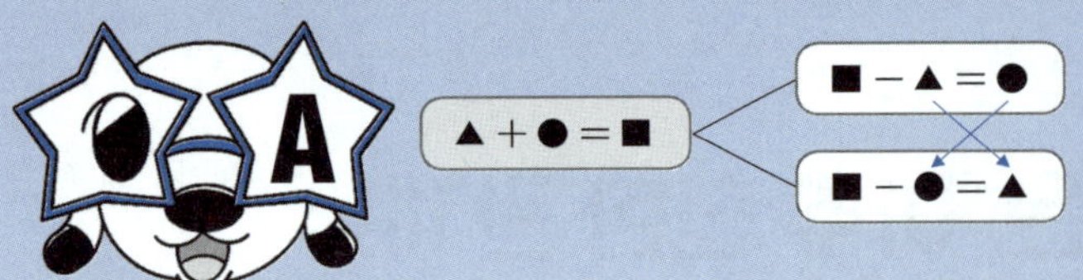

덧셈식을 보고, 뺄셈식을 2개 만드세요.

1
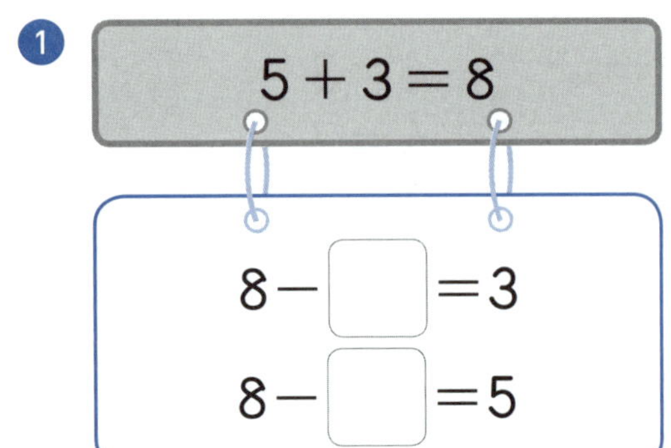

$5+3=8$

$8-\boxed{}=3$

$8-\boxed{}=5$

2
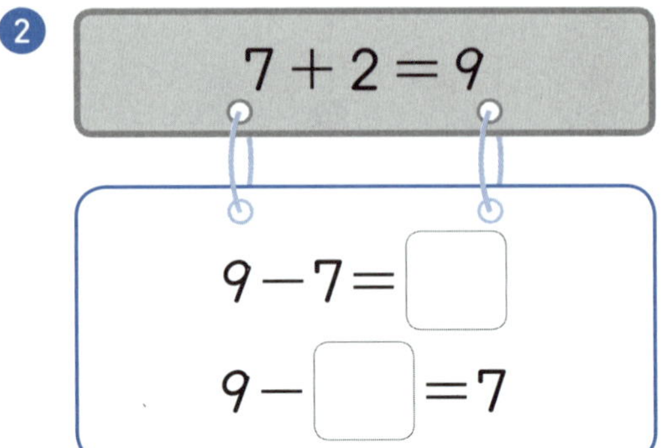

$7+2=9$

$9-7=\boxed{}$

$9-\boxed{}=7$

3
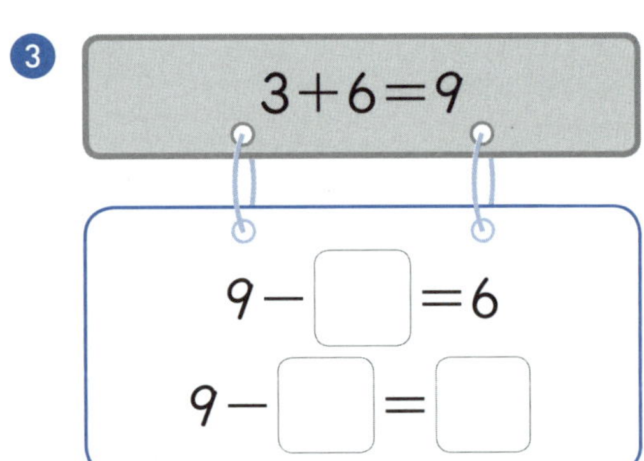

$3+6=9$

$9-\boxed{}=6$

$9-\boxed{}=\boxed{}$

4
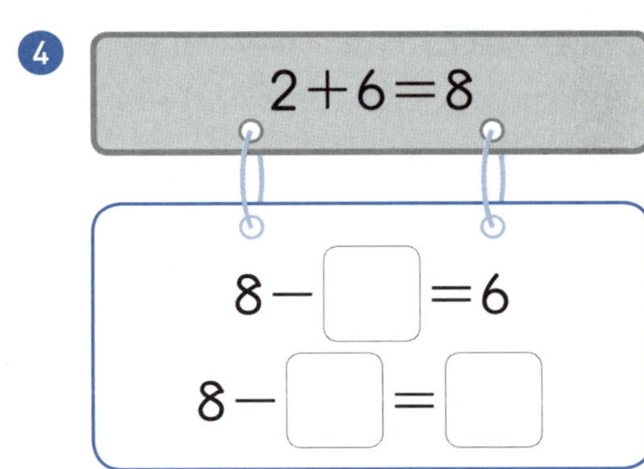

$2+6=8$

$8-\boxed{}=6$

$8-\boxed{}=\boxed{}$

5
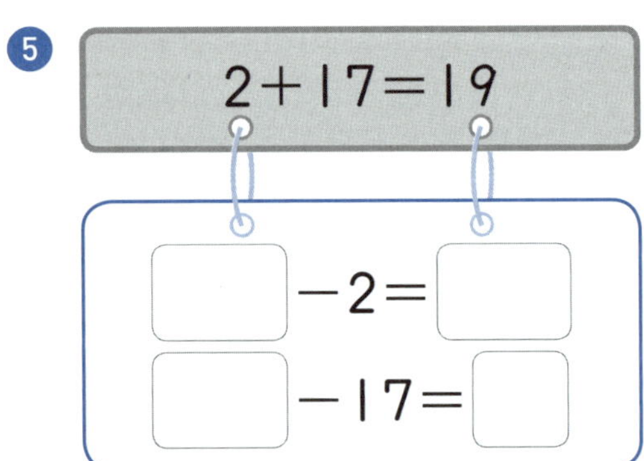

$2+17=19$

$\boxed{}-2=\boxed{}$

$\boxed{}-17=\boxed{}$

6
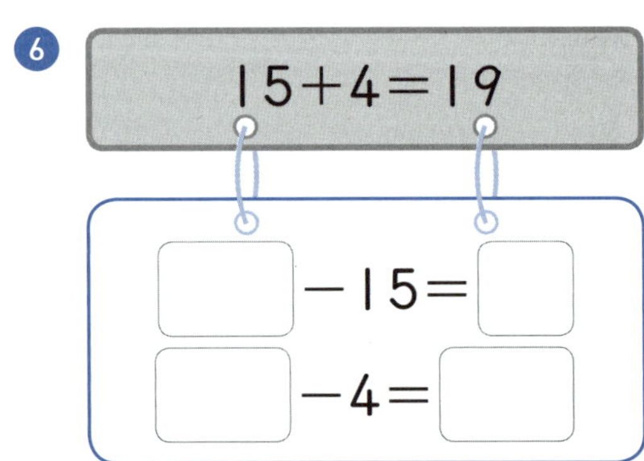

$15+4=19$

$\boxed{}-15=\boxed{}$

$\boxed{}-4=\boxed{}$

7
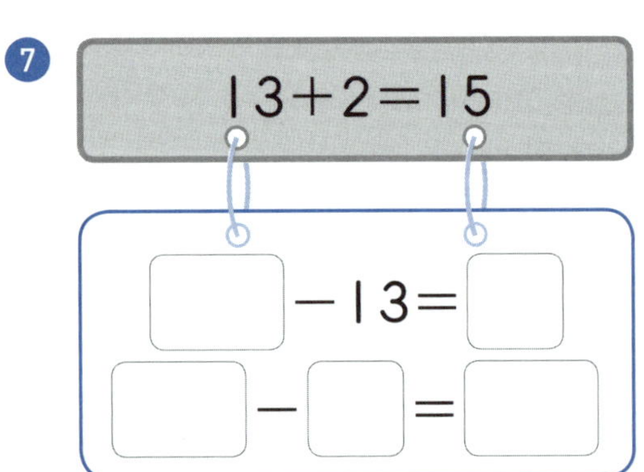

$13+2=15$

$\boxed{}-13=\boxed{}$

$\boxed{}-\boxed{}=\boxed{}$

8
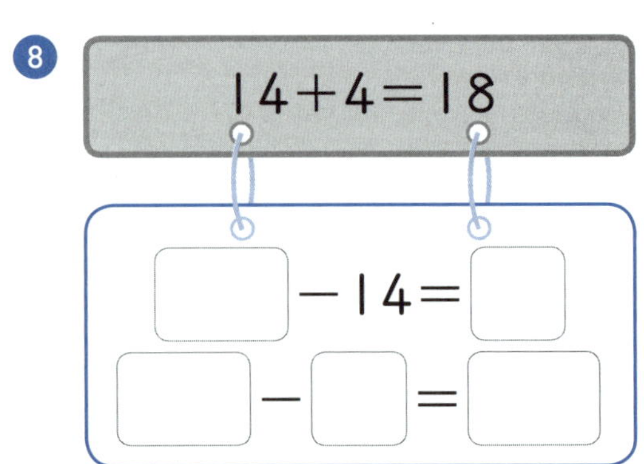

$14+4=18$

$\boxed{}-14=\boxed{}$

$\boxed{}-\boxed{}=\boxed{}$

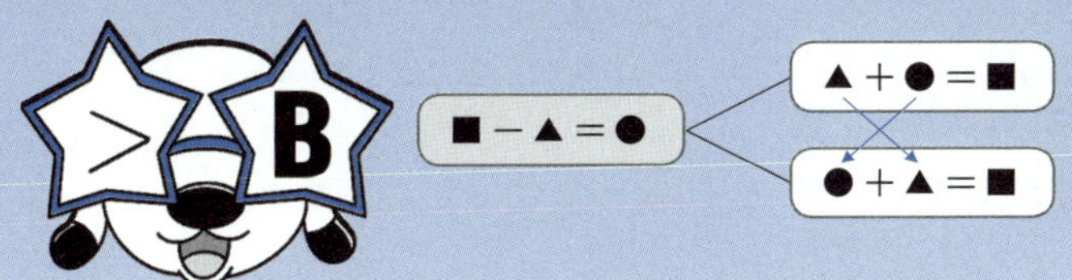

🐾 뺄셈식을 보고, 덧셈식을 2개 만드세요.

1 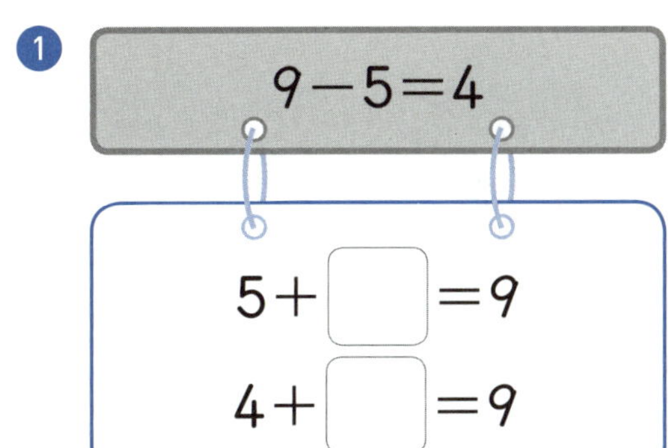

2 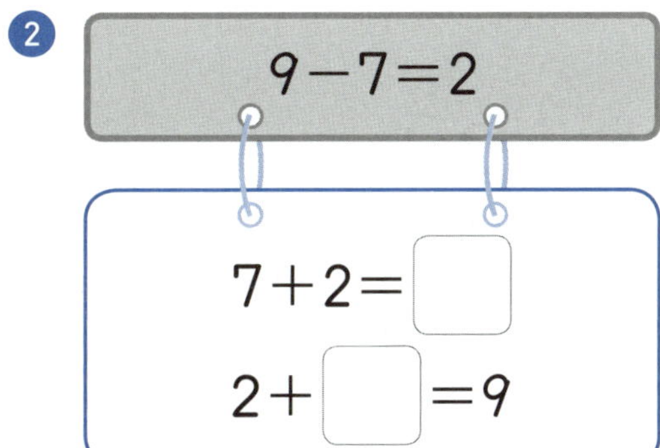

3 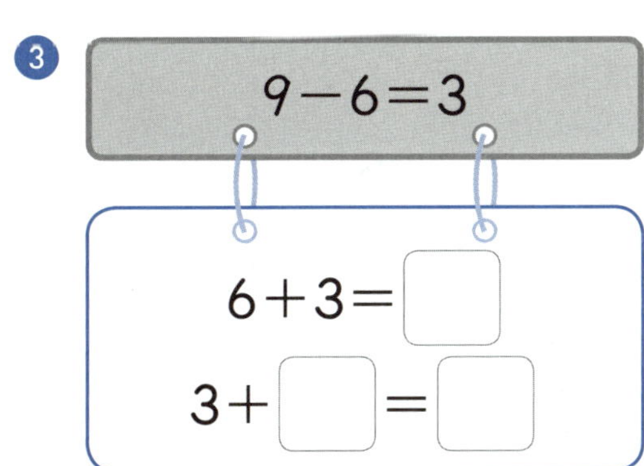

4 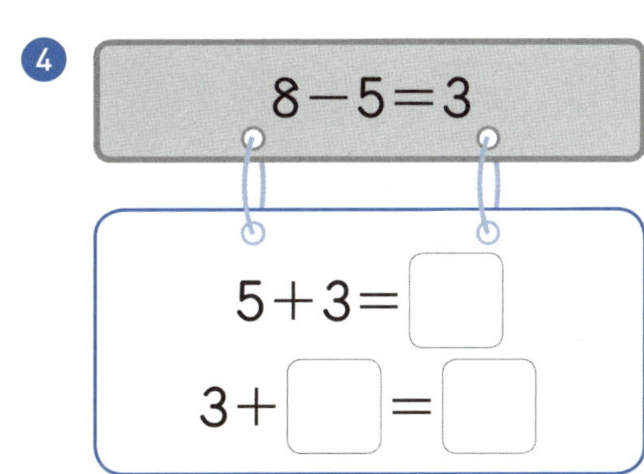

5 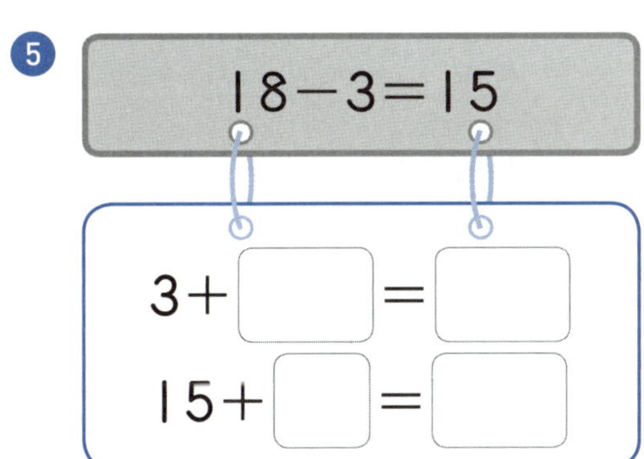

6 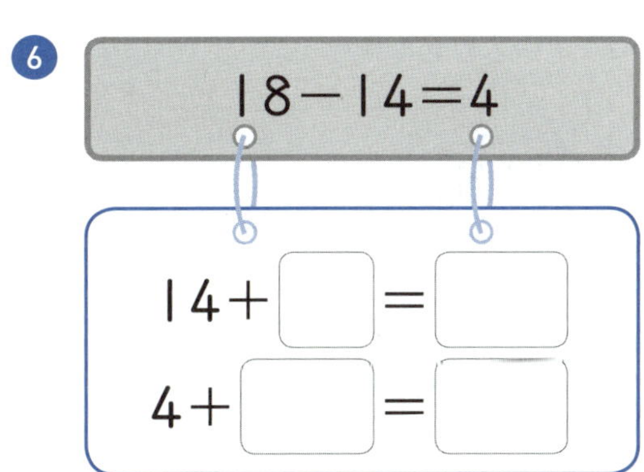

7 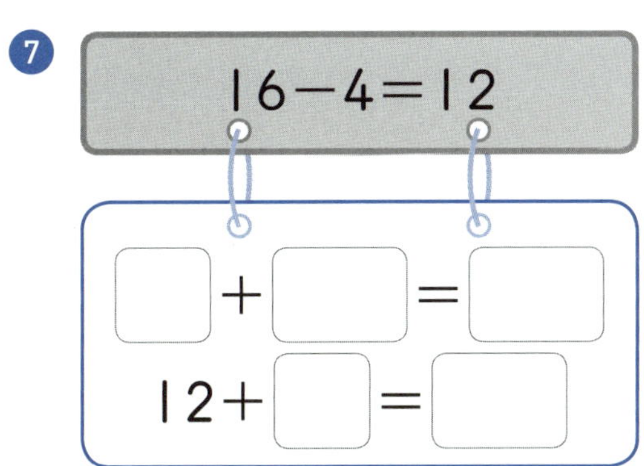

8 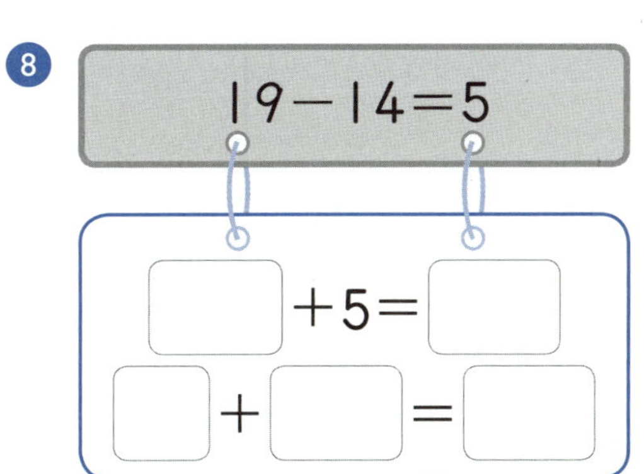

도전! 생각이 자라는 **사고력 문제**

쉬운 응용 문제로 기초 사고력을 키워 봐요!

🐾 △ 안의 수와 기호를 이용하여 덧셈식과 뺄셈식을 각각 **2개씩** 만드세요.

①

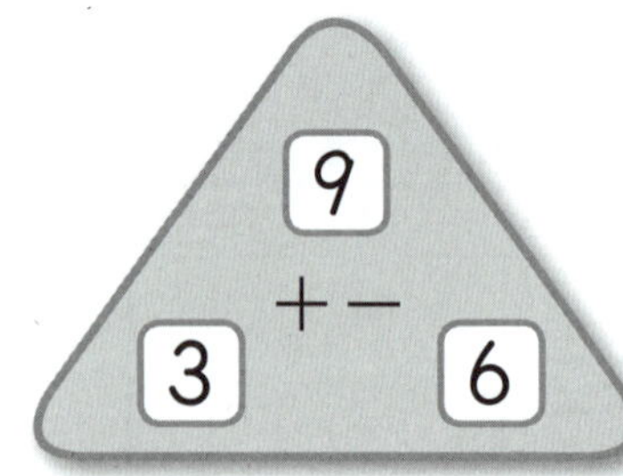

$3 + \boxed{} = \boxed{}$

$6 + \boxed{} = \boxed{}$

$9 - \boxed{} = 6$

$9 - \boxed{} = 3$

②

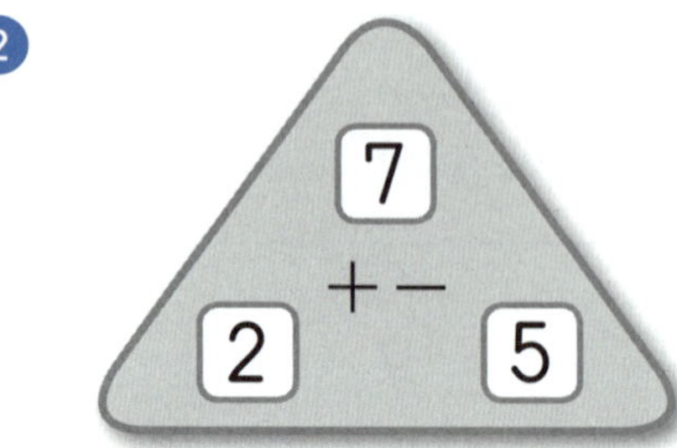

$2 + \boxed{} = \boxed{}$

$5 + \boxed{} = \boxed{}$

$7 - \boxed{} = 5$

$7 - \boxed{} = 2$

③

$12 + \boxed{} = \boxed{}$

$6 + \boxed{} = \boxed{}$

$18 - \boxed{} = 6$

$18 - \boxed{} = 12$

④

$11 + \boxed{} = \boxed{}$

$4 + \boxed{} = \boxed{}$

$15 - \boxed{} = 4$

$15 - \boxed{} = 11$

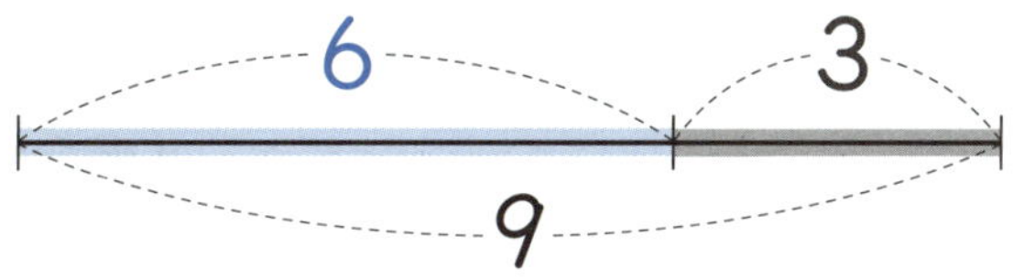 06 덧셈과 뺄셈의 관계로 완성하는 식

$$6+3=9, \quad 3+6=9$$
$$9-3=6, \quad 9-6=3$$

☆ 뺄셈식을 이용해 ☐ 안의 수 구하기

$$\boxed{}+3=9 \;\longrightarrow\; 9-3=\boxed{} \;\longrightarrow\; 9-3=\boxed{6}$$

$$9-\boxed{}=6 \;\longrightarrow\; 9-6=\boxed{} \;\longrightarrow\; 9-6=\boxed{3}$$

☆ 덧셈식을 이용해 ☐ 안의 수 구하기

$$\boxed{}-3=6$$

$$6+3=\boxed{} \;\longrightarrow\; 6+3=\boxed{9}$$

$$3+6=\boxed{} \;\longrightarrow\; 3+6=\boxed{9}$$

🐾 ☐ 안에 알맞은 수를 써넣으세요.

1 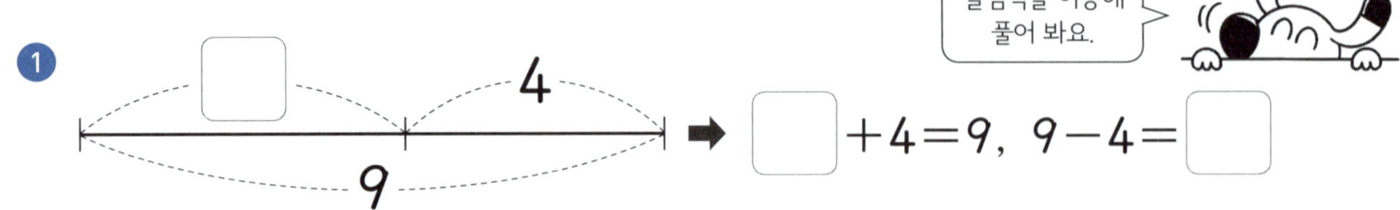

➡ ☐ $+4=9$, $9-4=$ ☐

2 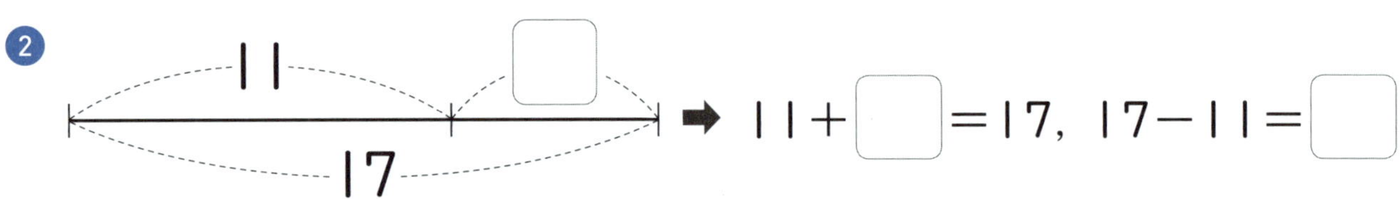

➡ $11+$ ☐ $=17$, $17-11=$ ☐

3 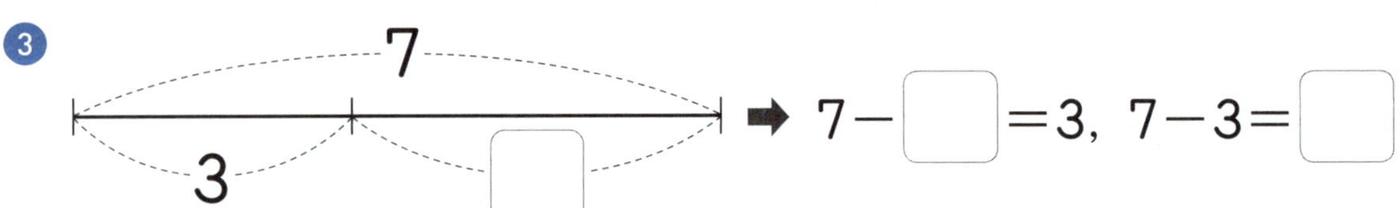

➡ $7-$ ☐ $=3$, $7-3=$ ☐

4 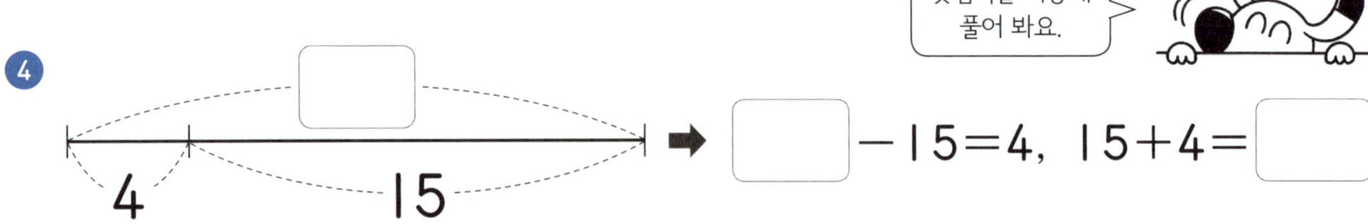

➡ ☐ $-15=4$, $15+4=$ ☐

5

➡ ☐ $-5=10$, $10+5=$ ☐

🐾 ☐ 안에 알맞은 수를 써넣으세요.

1
$$6 - \boxed{2} = 4$$
$$6 - \boxed{4} = \boxed{2}$$

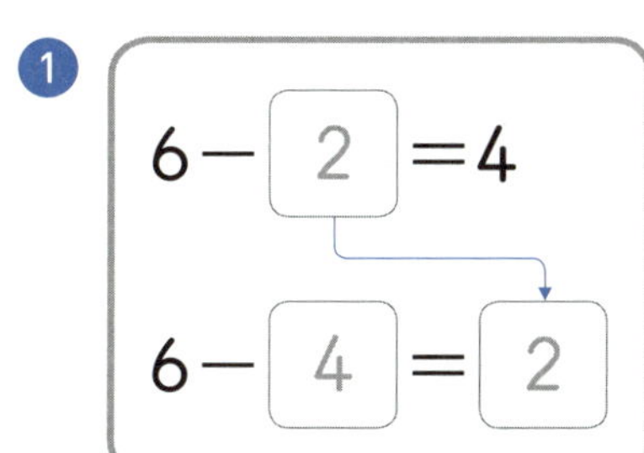

2
$$8 - \boxed{} = 2$$
$$8 - \boxed{} = \boxed{}$$

3
$$9 - \boxed{} = 4$$
$$9 - \boxed{} = \boxed{}$$

4
$$7 - \boxed{} = 3$$
$$7 - \boxed{} = \boxed{}$$

5
$$4 - \boxed{} = 1$$
$$4 - \boxed{} = \boxed{}$$

6
$$\boxed{} - 4 = 4$$
$$4 + \boxed{} = \boxed{}$$

7
$$\boxed{} - 5 = 2$$
$$5 + \boxed{} = \boxed{}$$

8
$$\boxed{} - 2 = 4$$
$$2 + \boxed{} = \boxed{}$$

9
$$\boxed{} - 3 = 6$$
$$3 + \boxed{} = \boxed{}$$

10
$$\boxed{} - 9 = 0$$
$$9 + \boxed{} = \boxed{}$$

11
$$\boxed{} - 0 = 5$$
$$0 + \boxed{} = \boxed{}$$

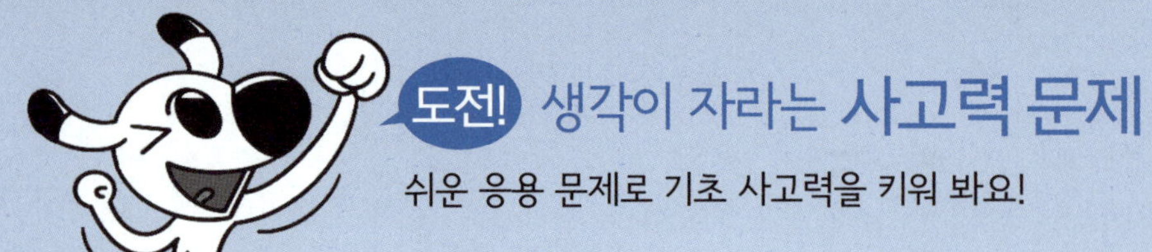

생각이 자라는 사고력 문제

쉬운 응용 문제로 기초 사고력을 키워 봐요!

위와 아래의 두 수의 차가 주어진 수가 되도록 선으로 이어 보세요.

1

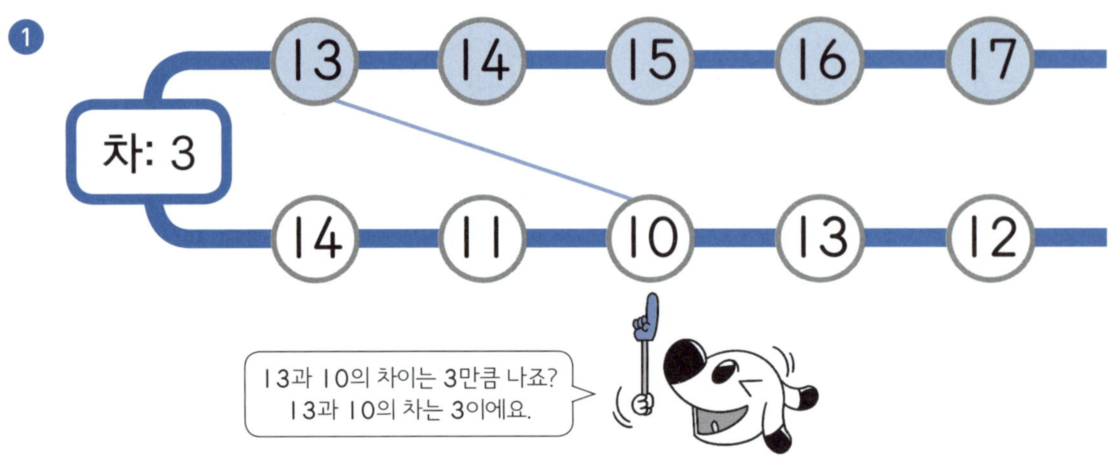

2

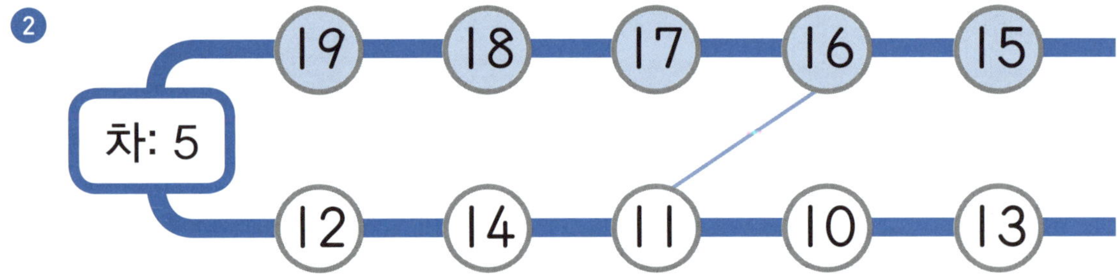

3

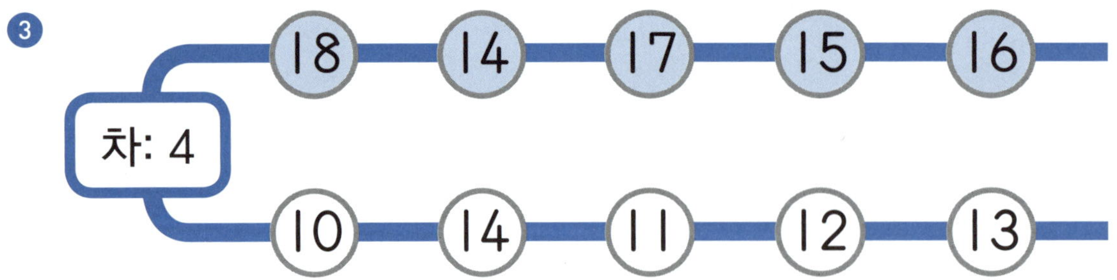

뺄셈의 기초 종합 문제

🐾 뺄셈을 하세요.

| ① | 6 − 3 | ② | 7 − 4 | ③ | 9 − 5 |

| ④ | 15 − 2 | ⑤ | 27 − 6 | ⑥ | 18 − 4 |

| ⑦ | 50 − 20 | ⑧ | 70 − 30 | ⑨ | 19 − 13 |

| ⑩ | 25 − 13 | ⑪ | 36 − 25 | ⑫ | 48 − 23 |

□ 안에 알맞은 수를 써넣으세요.

❶ $9-4-1=$ ☐

❷ $27-13-2=$ ☐

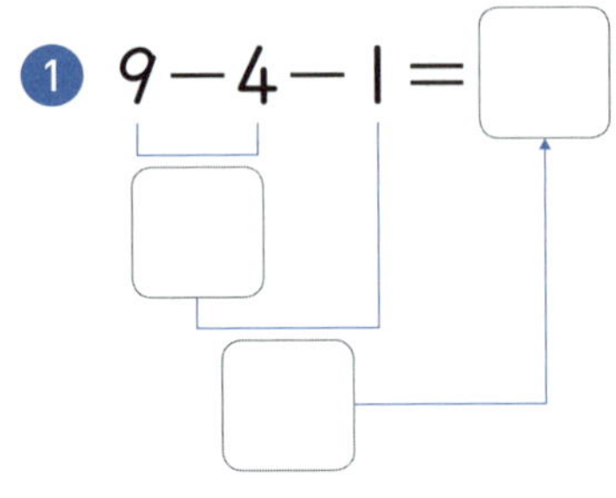

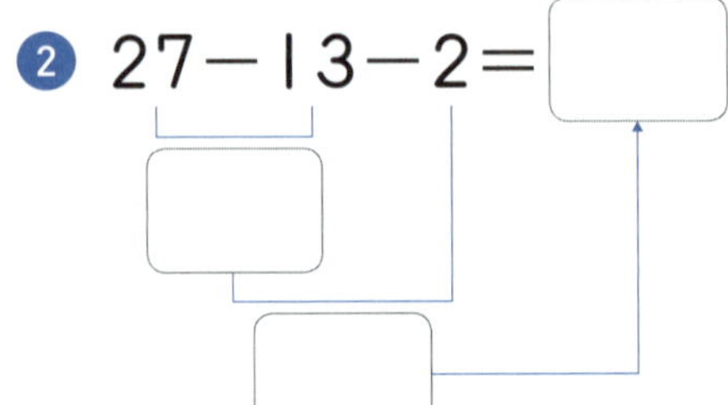

❸ $16-12+9=$ ☐

❹ $25+18-3=$ ☐

❺
$8-$ ☐ $=5$

☐ $-4=4$

❻
$9-$ ☐ $=4$

☐ $-6=3$

❼
$15-$ ☐ $=12$

☐ $-4=12$

❽
$19-$ ☐ $=12$

☐ $-5=12$

🐾 토끼가 뜀뛰기를 하며 계산을 하고 있습니다. 빈칸에 알맞은 수를 써넣으세요.

1

2

3

물통에 담긴 물 중에서 화분에 적힌 양만큼 물을 주려고 합니다. 물통에 남은 물은 얼마인지 선으로 이어 보세요.

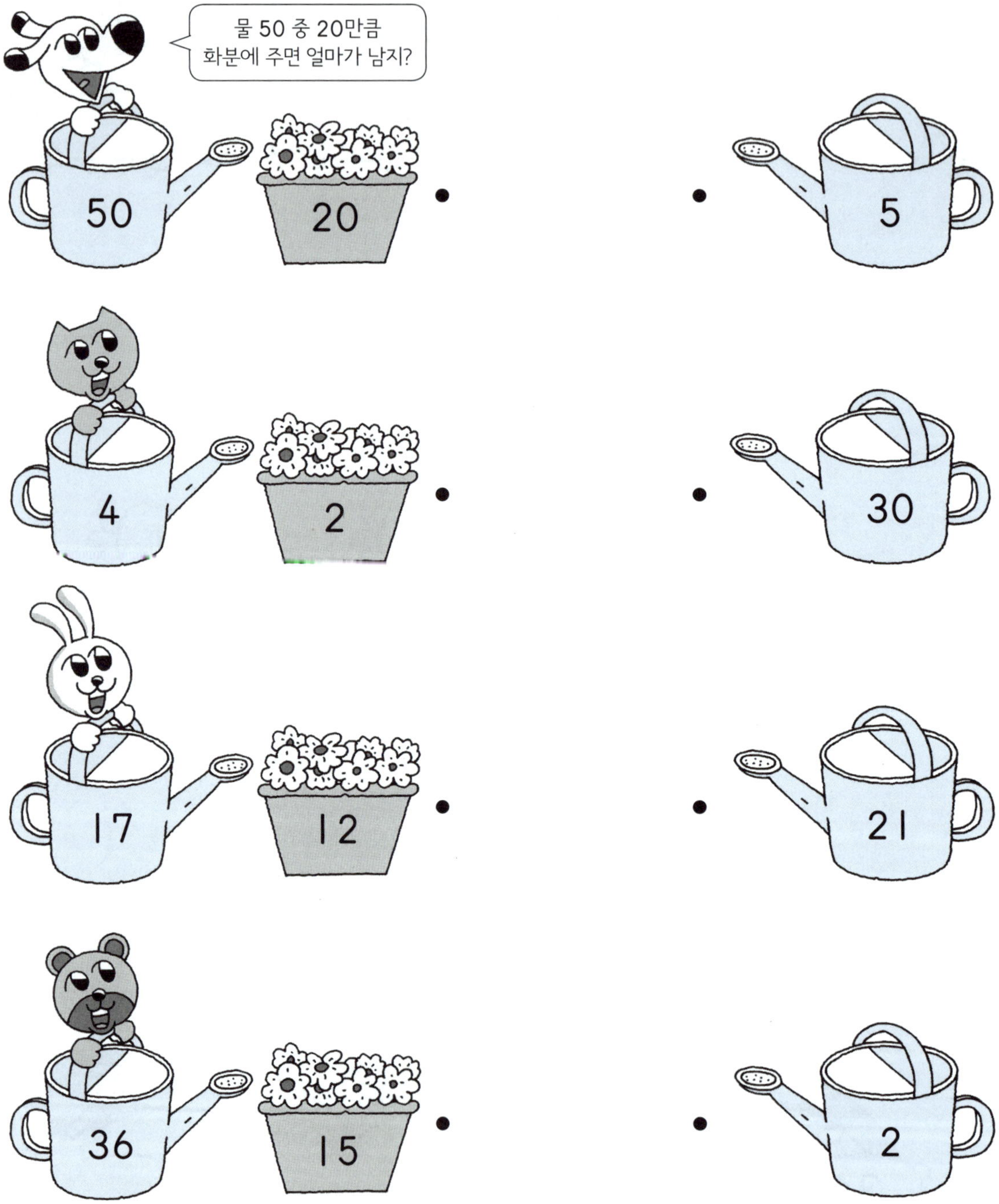

50 · 20

4 · 2

17 · 12

36 · 15

5

30

21

2

둘째 마당

뺄셈 집중 훈련

둘째 마당에서는 받아내림이 있는 뺄셈을 배워요. 뺄셈의 원리를 이해하면 받아내림이 있는 뺄셈도 어렵지 않아요. 뺄셈을 잘하고 싶다면 빠르고 정확한 계산 능력을 길러야겠죠? 뺄셈을 잘할 수 있는 비법도 가득 들어 있으니 집중해서 훈련해 봐요.

	공부할 내용!	완료	10일 진도	20일 진도
08	10을 이용해서 빼면 받아내림도 쉬워	☐	3일차	6일차
09	10개가 한 묶음, 1묶음에는 10개!	☐		7일차
10	일의 자리 수끼리 뺄 수 없으면 10을 빌려	☐	4일차	8일차
11	십의 자리의 1은 일의 자리의 10과 같아	☐		9일차
12	내린 만큼 작아지고, 받은 만큼 커진다	☐	5일차	10일차
13	받아내림 표시 잊지 않기!	☐		11일차
14	세 수의 뺄셈은 무조건 앞에서부터!	☐	6일차	12일차
15	세 수의 혼합 계산도 순서대로 풀자	☐		13일차
16	뺄셈 집중 훈련 종합 문제	☐	7일차	14일차

08 10을 이용해서 빼면 받아내림도 쉬워

☆ 10을 이용해서 빼기

• 앞의 수(빼지는 수)를 가르기 하여 계산하기

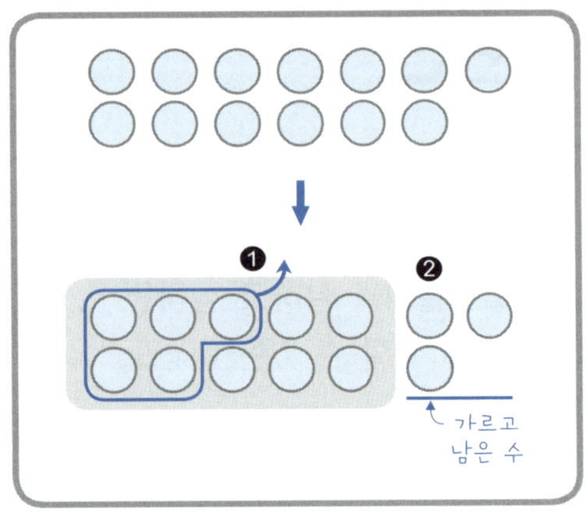

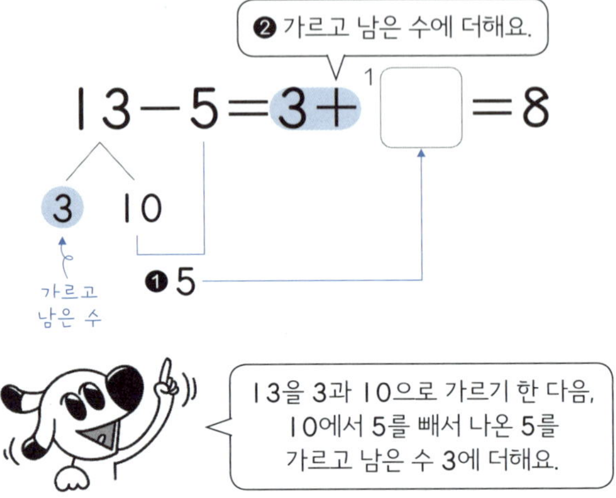

• 뒤의 수(빼는 수)를 가르기 하여 계산하기

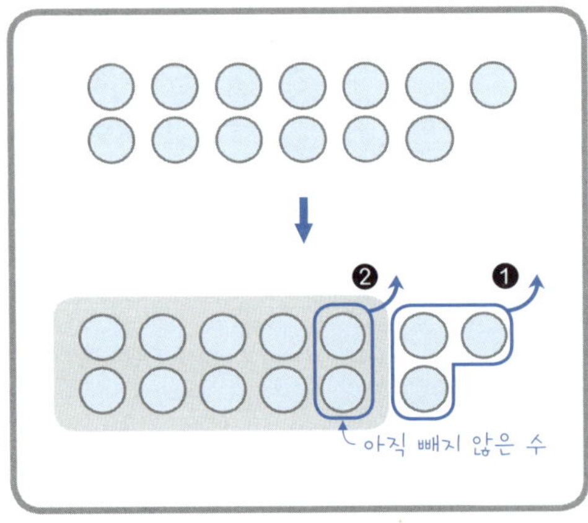

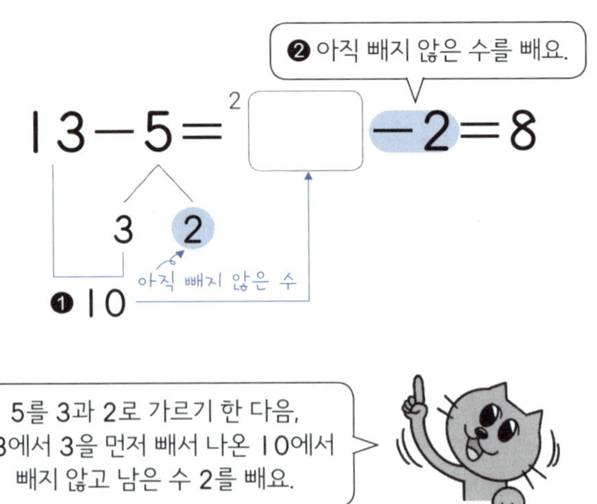

□ 안에 알맞은 수를 써넣으세요.

1 $11-2=1+\boxed{}=\boxed{}$

1 10

2 $11-2=\boxed{}-1=\boxed{}$

1 1

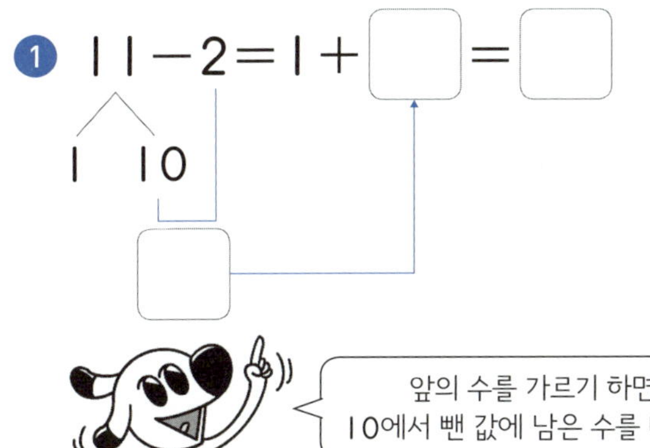

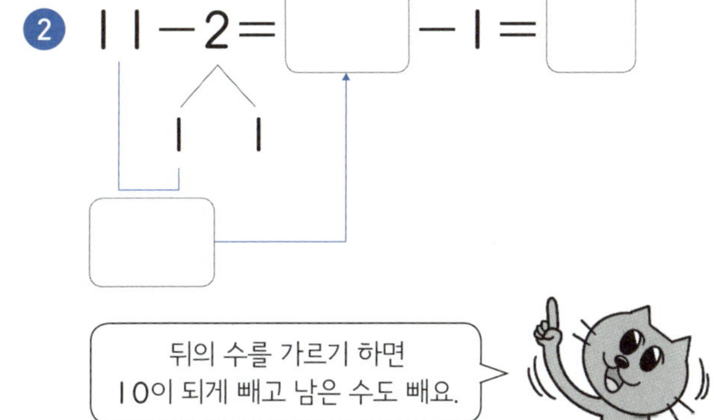

3 $15-9=5+\boxed{}=\boxed{}$

5 10

4 $14-5=4+\boxed{}=\boxed{}$

4 10

5 $13-8=\boxed{}-5=\boxed{}$

3 5

6 $17-9=\boxed{}-2=\boxed{}$

7 2

7 $16-7=\boxed{}-1=\boxed{}$

6 1

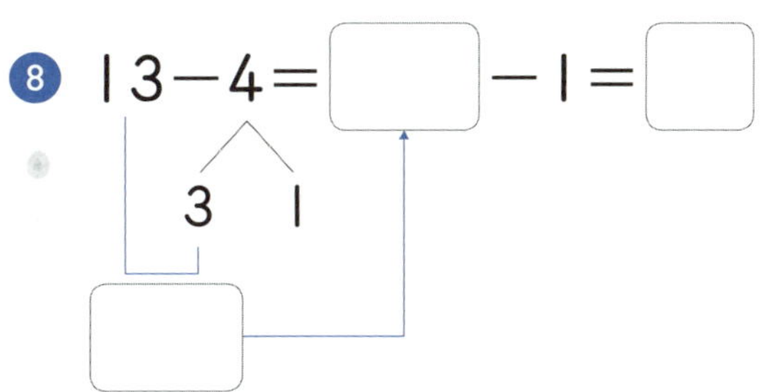

8 $13-4=\boxed{}-1=\boxed{}$

3 1

🐾 ☐ 안에 알맞은 수를 써넣으세요.

❶ $11-3=1+10-3$
$\quad\quad =1+\boxed{}$
$\quad\quad =\boxed{}$

❷ $11-\underline{7}=11-1-\boxed{}$
$\quad\quad =10-\boxed{}$
$\quad\quad =\boxed{}$

❸ $12-8=2+10-8$
$\quad\quad =2+\boxed{}$
$\quad\quad =\boxed{}$

❹ $12-\underline{5}=12-2-\boxed{}$
$\quad\quad =10-\boxed{}$
$\quad\quad =\boxed{}$

❺ $13-7=3+10-7$
$\quad\quad =3+\boxed{}$
$\quad\quad =\boxed{}$

❻ $13-\underline{9}=13-3-\boxed{}$
$\quad\quad =10-\boxed{}$
$\quad\quad =\boxed{}$

❼ $14-9=4+10-9$
$\quad\quad =4+\boxed{}$
$\quad\quad =\boxed{}$

❽ $14-\underline{6}=14-4-\boxed{}$
$\quad\quad =10-\boxed{}$
$\quad\quad =\boxed{}$

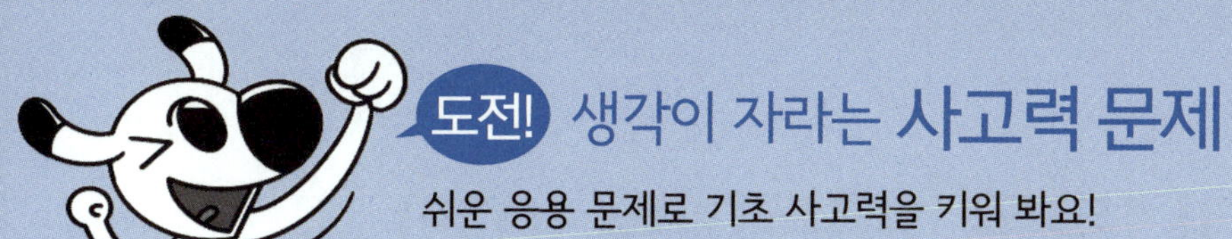

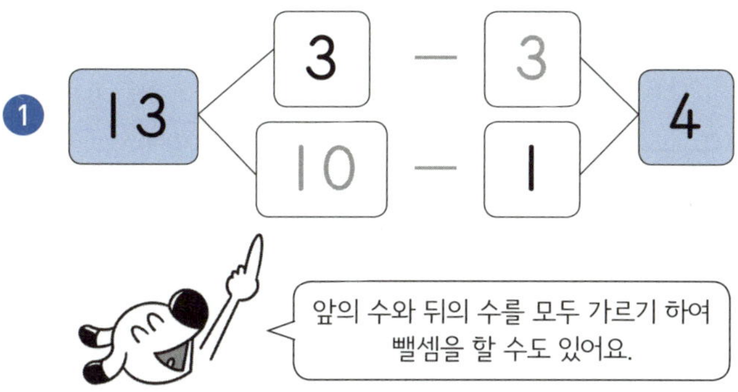

🐾 빈칸에 알맞은 수를 써넣으세요.

1 | 13 ⟨ 3 − 3 / 10 − 1 ⟩ 4

$13 - 4 = \boxed{}$

$3 - 3 = \boxed{}$

$10 - 1 = \boxed{}$

2 | 15 ⟨ □ − 5 / 10 − □ ⟩ 8

$15 - 8 = \boxed{}$

$5 - 5 = \boxed{}$

$10 - 3 = \boxed{}$

3 | 17 ⟨ 7 − 7 / □ − □ ⟩ 9

$17 - 9 = \boxed{}$

$7 - 7 = \boxed{}$

$10 - 2 = \boxed{}$

4 | 16 ⟨ 6 − 6 / □ − □ ⟩ 7

$16 - 7 = \boxed{}$

$6 - 6 = \boxed{}$

$10 - 1 = \boxed{}$

10개가 1묶음, 1묶음에는 10개!

☆ 10−7의 계산

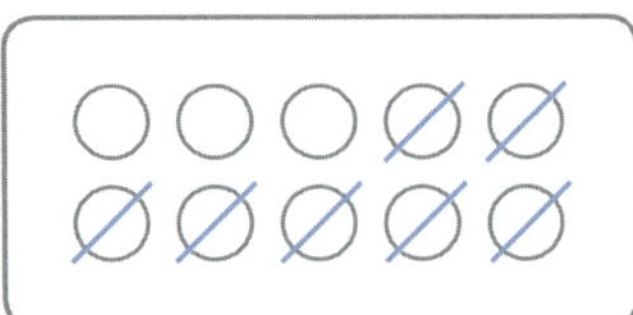

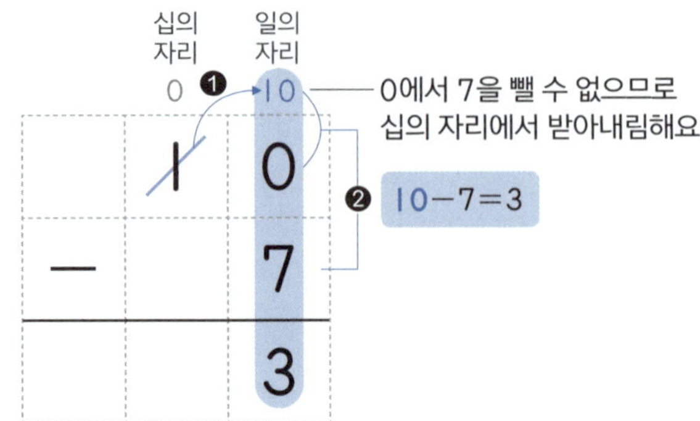

☆ 20−7의 계산

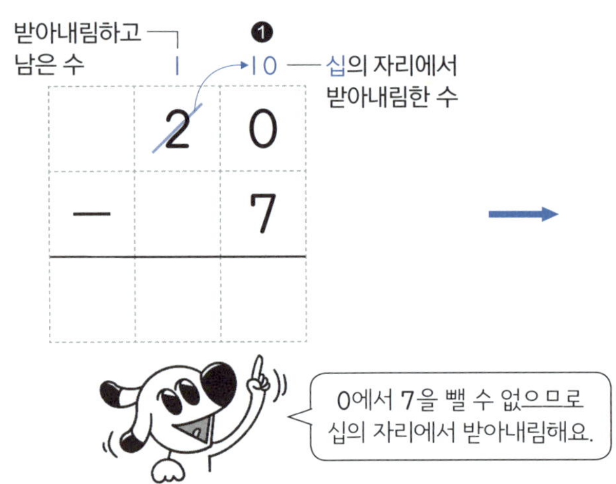

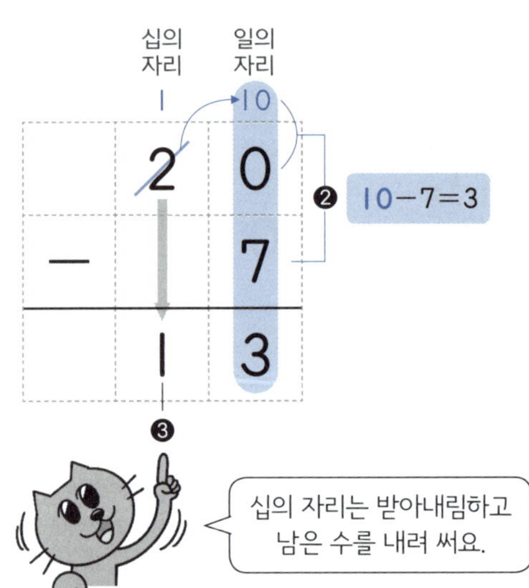

• **어떻게 10을 받아내림할까요?**

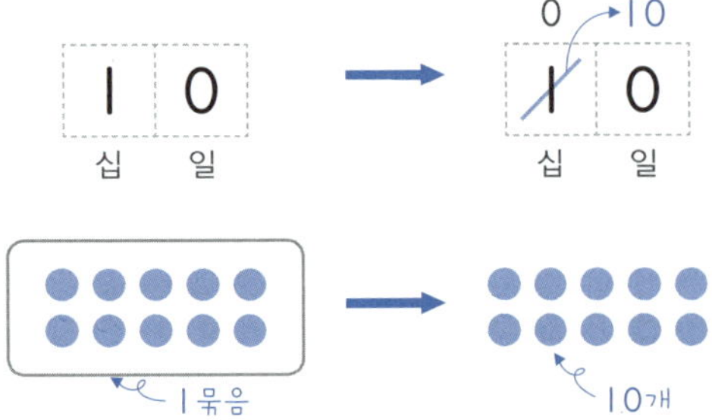

빌려 준 십의 자리는 1만큼 작아지고,
빌려 온 일의 자리는 10만큼 커져요.

🐾 뺄셈을 하세요.

①
$$10 - 4 = 6$$

②
$$10 - 1$$

③
$$10 - 7$$

④
$$10 - 8$$

⑤
$$10 - 5$$

⑥
$$10 - 2$$

⑦
$$20 - 3 = 17$$

⑧
$$30 - 9$$

⑨
$$40 - 7$$

⑩ $40 - 2 = 38$ ($10 - 2 = 8$)

⑪ $50 - 9 =$

⑫ $60 - 7 =$

⑬ $80 - 3 =$

⑭ $90 - 1 =$

⑮ $70 - 5 =$

🐾 뺄셈을 하세요.

①
$$
\begin{array}{r}
5\ 0 \\
-\ \ \ 3 \\
\hline
\end{array}
$$

②
$$
\begin{array}{r}
3\ 0 \\
-\ \ \ 3 \\
\hline
\end{array}
$$

③
$$
\begin{array}{r}
4\ 0 \\
-\ \ \ 5 \\
\hline
\end{array}
$$

④
$$
\begin{array}{r}
5\ 0 \\
-\ \ \ 6 \\
\hline
\end{array}
$$

⑤
$$
\begin{array}{r}
6\ 0 \\
-\ \ \ 7 \\
\hline
\end{array}
$$

⑥
$$
\begin{array}{r}
8\ 0 \\
-\ \ \ 9 \\
\hline
\end{array}
$$

⑦
$$
\begin{array}{r}
7\ 0 \\
-\ \ \ 4 \\
\hline
\end{array}
$$

⑧
$$
\begin{array}{r}
8\ 0 \\
-\ \ \ 2 \\
\hline
\end{array}
$$

⑨
$$
\begin{array}{r}
9\ 0 \\
-\ \ \ 6 \\
\hline
\end{array}
$$

⑩ $20-6=$

⑪ $50-7=$

⑫ $90-9=$

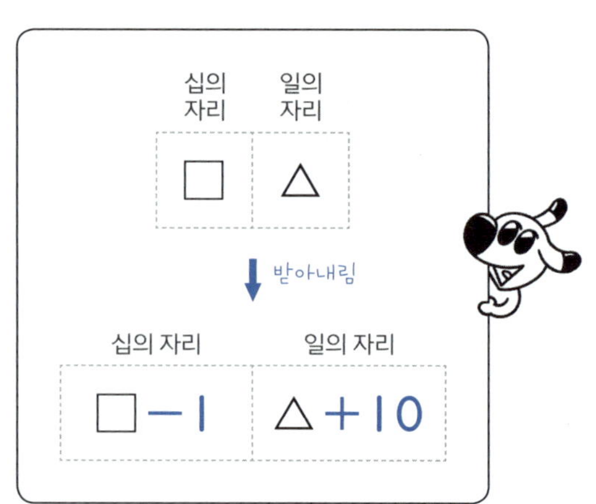

빼셈 집중 훈련   55

도전! 땅 짚고 헤엄치는 문장제
쉬운 문장제로 연산의 기본 개념을 익혀 봐요!

🐾 그림을 보고 ☐ 안에 알맞은 수를 써넣으세요.

1

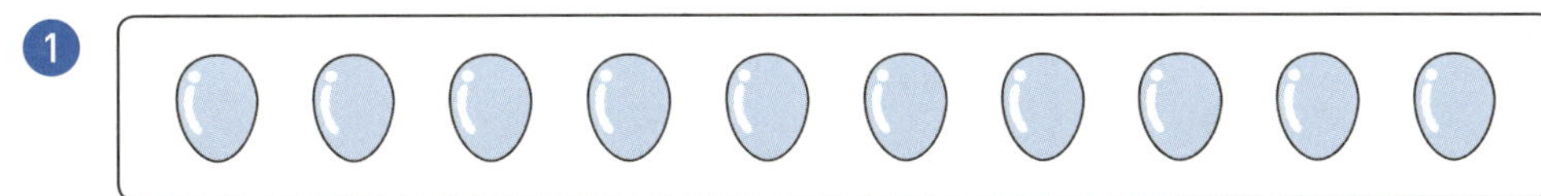

달걀 10개 중 3개를 먹고 남은 달걀은 ☐ 개입니다.

2

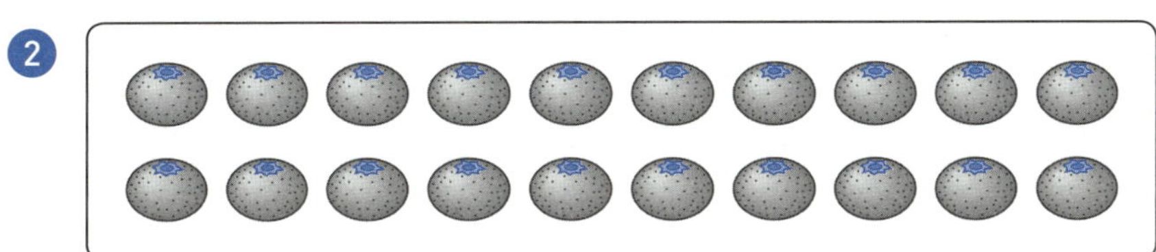

귤 20개 중 8개를 친구에게 주고 남은 귤은 ☐ 개입니다.

3

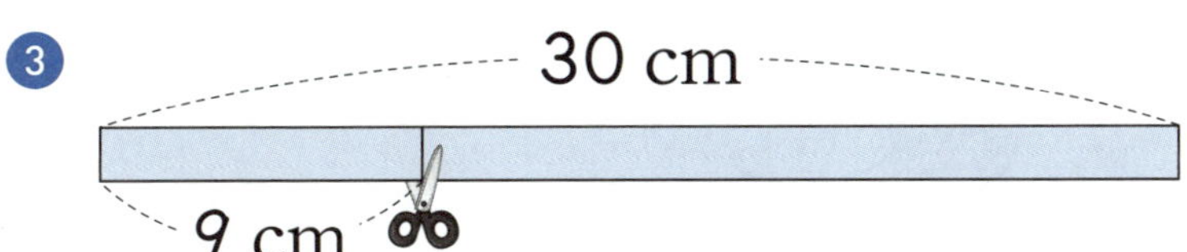

길이가 30 cm인 리본 중 9 cm를 사용하고 남은 리본은 ☐ cm입니다.

10 일의 자리 수끼리 뺄 수 없으면 10을 빌려

☆ 받아내림이 있는 (두 자리 수)−(한 자리 수)

- 세로로 계산하기

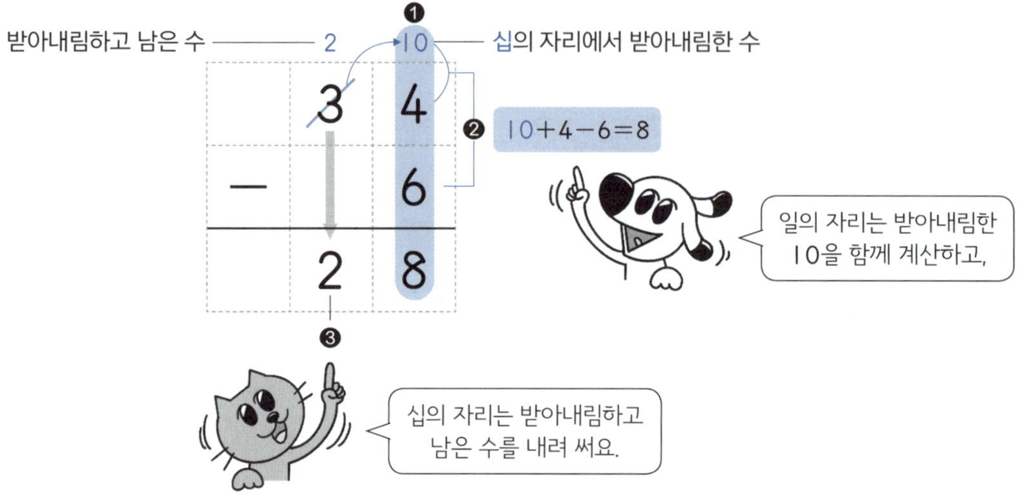

- 가로로 계산하기

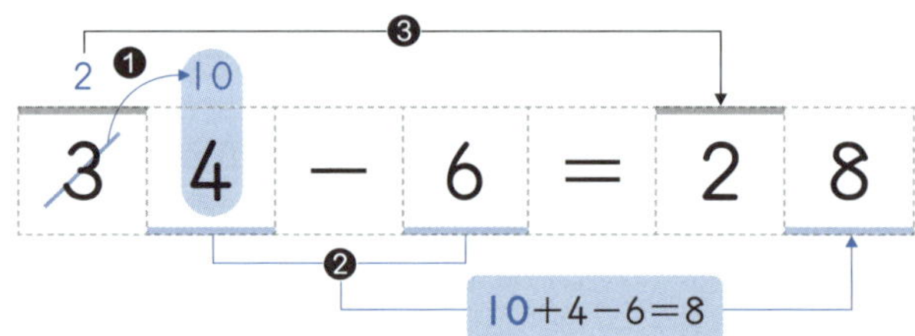

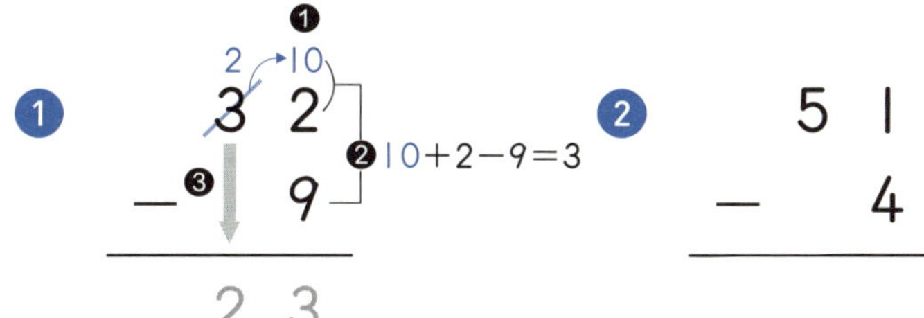

🐾 뺄셈을 하세요.

① $32 - 9 = 23$ ② $51 - 4 =$ ③ $24 - 9 =$

④ $65 - 8 =$ ⑤ $83 - 6 =$ ⑥ $46 - 9 =$

⑦ $53 - 8 =$ ⑧ $92 - 8 =$ ⑨ $77 - 8 =$

⑩ $23 - 9 = 14$ ⑪ $35 - 7 =$

⑫ $52 - 4 =$ ⑬ $42 - 6 =$

⑭ $94 - 8 =$ ⑮ $81 - 3 =$

🐾 뺄셈을 하세요.

①
```
   2 2
 −   6
```

②
```
   3 3
 −   8
```

③
```
   4 5
 −   6
```

④
```
   5 6
 −   9
```

⑤
```
   6 4
 −   7
```

⑥
```
   8 2
 −   8
```

⑦
```
   7 2
 −   9
```

⑧
```
   8 5
 −   9
```

⑨
```
   9 1
 −   4
```

⑩ $28-9=$

⑪ $41-7=$

⑫ $61-5=$

⑬ $74-8=$

⑭ $83-6=$

⑮ $93-4=$

🐾 뺄셈을 하세요.

1)
```
    3 4
 −    5
 ─────
```

2)
```
    5 1
 −    4
 ─────
```

3)
```
    6 4
 −    8
 ─────
```

4)
```
    7 6
 −    7
 ─────
```

5)
```
    9 2
 −    8
 ─────
```

6)
```
    8 5
 −    9
 ─────
```

7)
```
    6 3
 −    9
 ─────
```

8)
```
    7 2
 −    9
 ─────
```

9)
```
    9 5
 −    6
 ─────
```

10) 31−8=

11) 71−2=

12) 95−7=

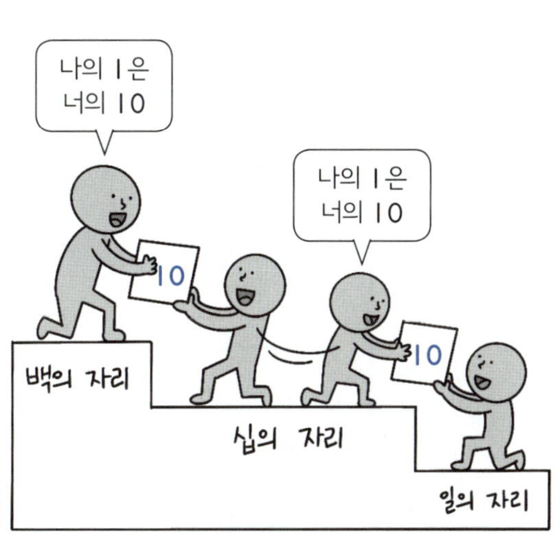

🐾 빈칸에 알맞은 수를 써넣으세요.

1 −4

| 22 |
| 32 |
| 42 |

↑ 빼지는 수

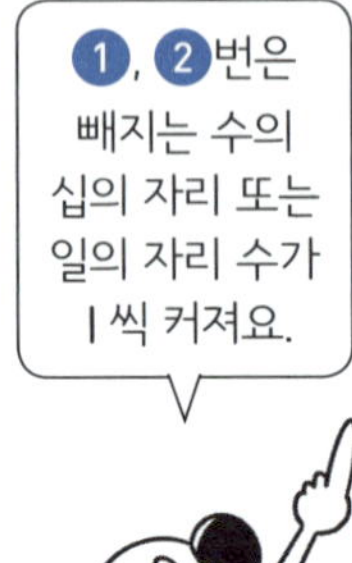

2 −5

| 40 |
| 41 |
| 42 |

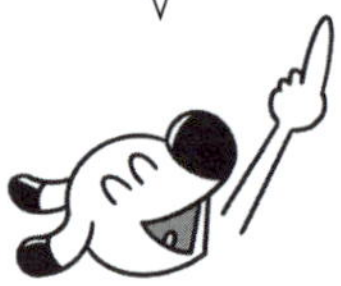

3 −6

| 13 |
| 24 |
| 35 |

4 −8

| 54 |
| 65 |
| 76 |

5 −7

| 31 |
| 53 |
| 75 |

6 −9

| 42 |
| 64 |
| 86 |

십의 자리의 1은 일의 자리의 10과 같아

☆ 30−17의 계산

• 세로로 계산하기

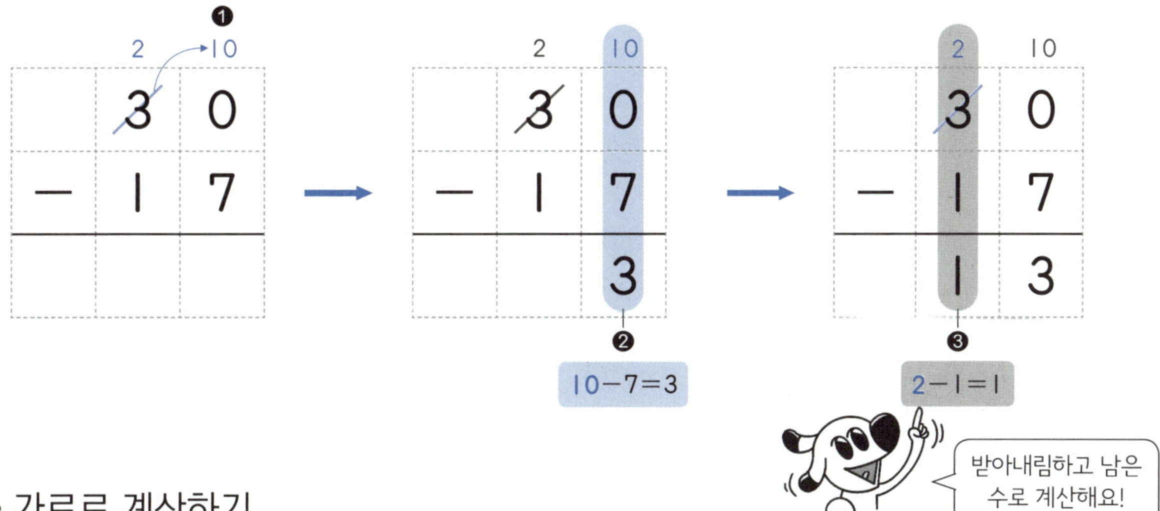

• 가로로 계산하기

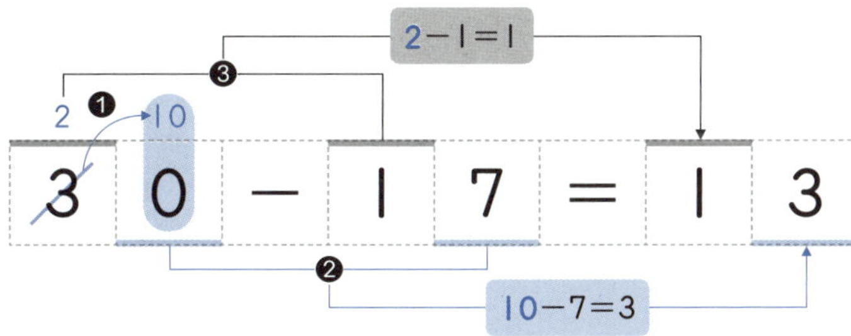

• 십의 자리는 꼭! 받아내림하고 남은 수에서 계산해요.

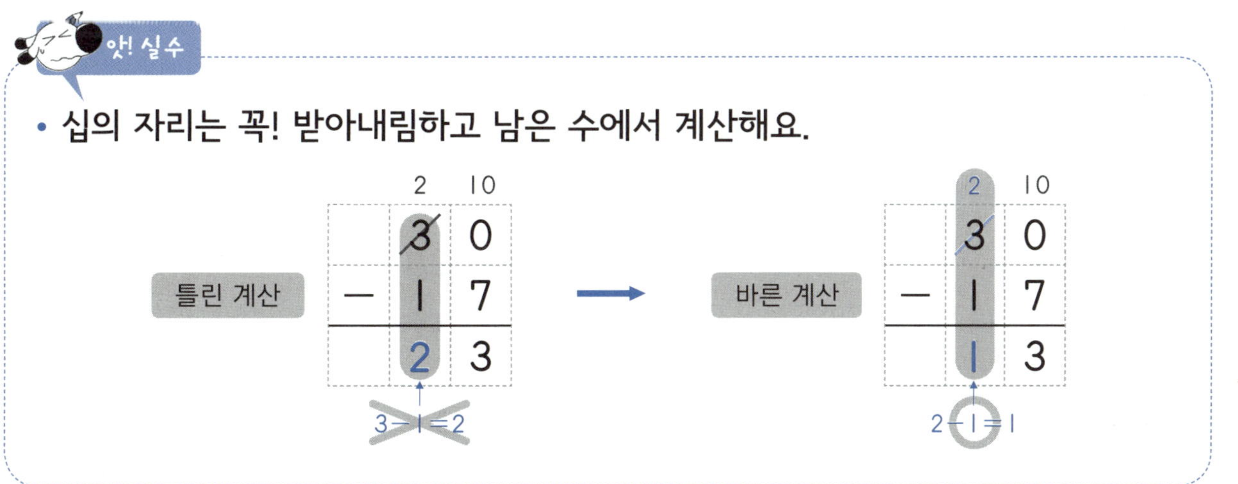

 0에서는 뺄 수 없으니 십의 자리에서 10을 받아내림하여 계산해요.

🐾 뺄셈을 하세요.

1
$$\begin{array}{r} 2\ 0 \\ -\ 1\ 1 \\ \hline 9 \end{array}$$
① $1 \to 10$ ② $10-1=9$ ③ $1-1=0$

2
$$\begin{array}{r} 4\ 0 \\ -\ 2\ 3 \\ \hline \end{array}$$

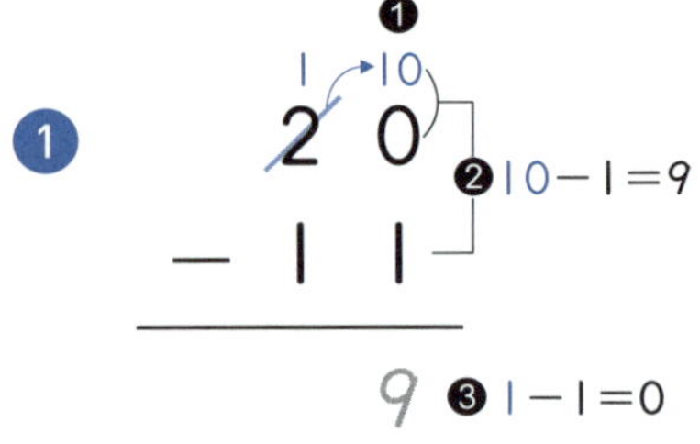

3
$$\begin{array}{r} 3\ 0 \\ -\ 1\ 4 \\ \hline \end{array}$$

4
$$\begin{array}{r} 5\ 0 \\ -\ 1\ 8 \\ \hline \end{array}$$

5
$$\begin{array}{r} 7\ 0 \\ -\ 2\ 2 \\ \hline \end{array}$$

6
$$\begin{array}{r} 9\ 0 \\ -\ 6\ 7 \\ \hline \end{array}$$

7
$$\begin{array}{r} 6\ 0 \\ -\ 1\ 2 \\ \hline \end{array}$$

8
$$\begin{array}{r} 8\ 0 \\ -\ 3\ 5 \\ \hline \end{array}$$

9 $70 - 42 = 28$

$6-4=2$ · $6\ 10$ · $10-2=8$

10 $40 - 11 =$

11 $90 - 54 =$

12 $50 - 43 =$

13 $60 - 26 =$

14 $90 - 18 =$

빨셈을 하세요.

①
　 9 0
－ 5 5

②
　 6 0
－ 1 3

③
　 9 0
－ 2 9

④
　 4 0
－ 3 1

⑤
　 8 0
－ 1 8

⑥
　 7 0
－ 5 2

⑦
　 5 0
－ 4 4

⑧
　 7 0
－ 3 6

⑨
　 9 0
－ 6 7

⑩ 20－12＝

⑪ 30－19＝

⑫ 50－37＝

⑬ 40－23＝

⑭ 60－21＝

⑮ 80－38＝

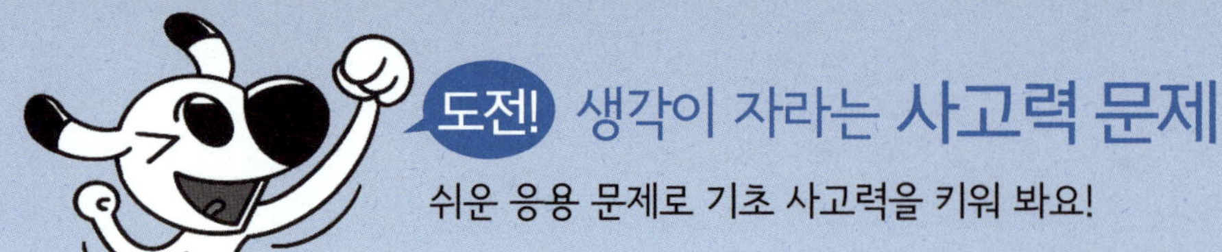

🐾 빈칸에 알맞은 수를 써넣으세요.

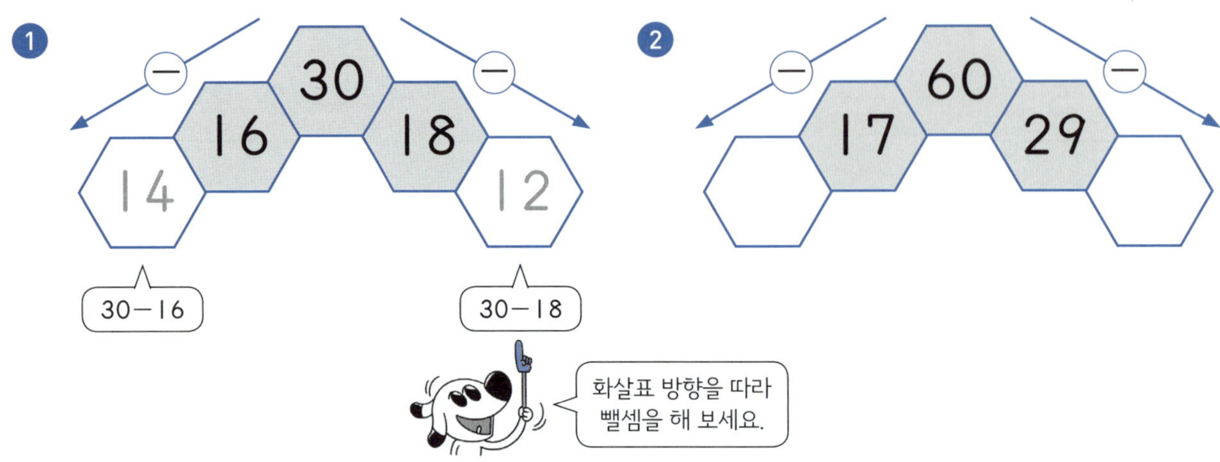

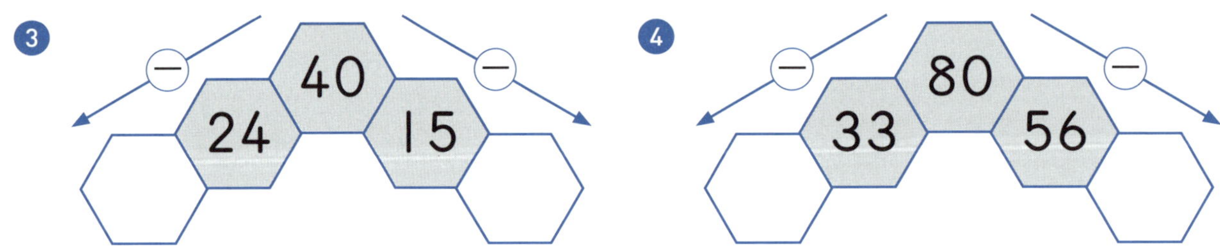

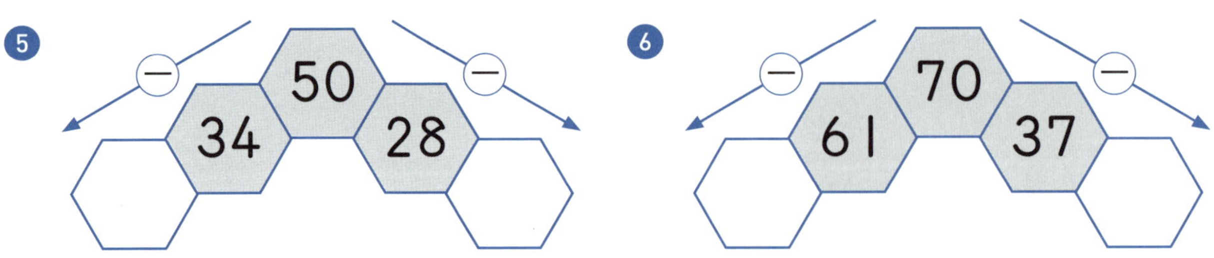

12 내린 만큼 작아지고, 받은 만큼 커진다

☆ 받아내림이 있는 (두 자리 수)−(두 자리 수)

• 세로로 계산하기

• 가로로 계산하기

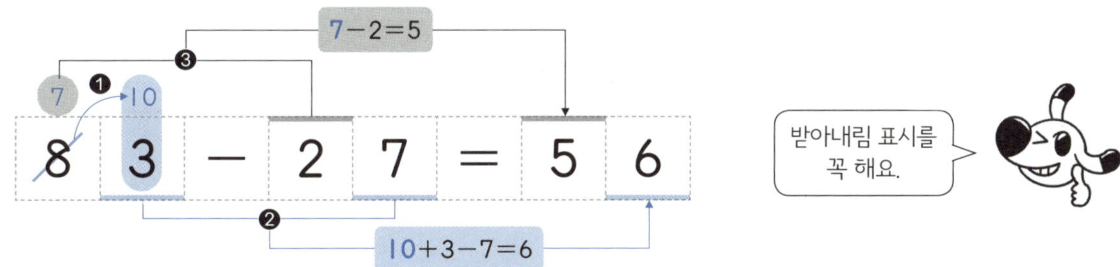

🐾 뺄셈을 하세요.

1.
$$\begin{array}{r} 2\ 5 \\ -\ 1\ 9 \\ \hline 6 \end{array}$$
❶
❷ 10+5−9=6
❸ 1−1=0

2.
$$\begin{array}{r} 3\ 6 \\ -\ 1\ 8 \\ \hline \end{array}$$

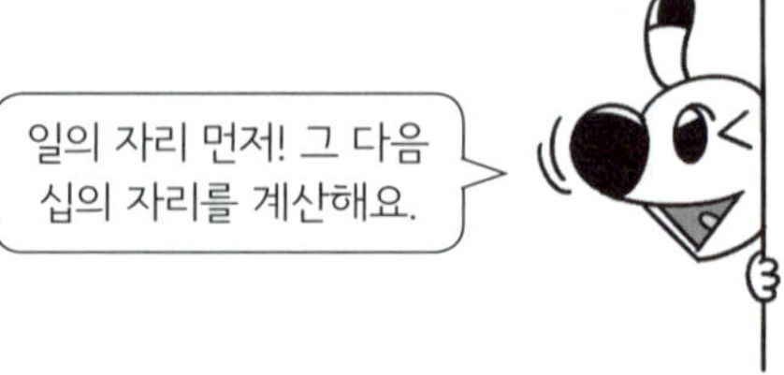

3.
$$\begin{array}{r} 5\ 2 \\ -\ 4\ 3 \\ \hline \end{array}$$

4.
$$\begin{array}{r} 6\ 3 \\ -\ 3\ 8 \\ \hline \end{array}$$

5.
$$\begin{array}{r} 7\ 1 \\ -\ 5\ 4 \\ \hline \end{array}$$

6.
$$\begin{array}{r} 4\ 5 \\ -\ 1\ 7 \\ \hline \end{array}$$

7.
$$\begin{array}{r} 8\ 4 \\ -\ 6\ 9 \\ \hline \end{array}$$

8.
$$\begin{array}{r} 9\ 7 \\ -\ 2\ 8 \\ \hline \end{array}$$

9. $32-27=5$ (2−2=0, 10+2−7=5)

10. $64-16=$

11. $91-76=$

12. $56-27=$

13. $83-49=$

14. $75-28=$

🐾 뺄셈을 하세요.

①
$$\begin{array}{r} 3\;5 \\ -\;2\;8 \\ \hline \end{array}$$

②
$$\begin{array}{r} 5\;1 \\ -\;3\;6 \\ \hline \end{array}$$

③
$$\begin{array}{r} 7\;2 \\ -\;4\;4 \\ \hline \end{array}$$

④
$$\begin{array}{r} 4\;4 \\ -\;1\;9 \\ \hline \end{array}$$

⑤
$$\begin{array}{r} 6\;2 \\ -\;4\;8 \\ \hline \end{array}$$

⑥
$$\begin{array}{r} 8\;6 \\ -\;5\;7 \\ \hline \end{array}$$

⑦
$$\begin{array}{r} 9\;1 \\ -\;6\;4 \\ \hline \end{array}$$

⑧
$$\begin{array}{r} 8\;5 \\ -\;2\;6 \\ \hline \end{array}$$

⑨
$$\begin{array}{r} 7\;3 \\ -\;3\;9 \\ \hline \end{array}$$

⑩ $34-15=$

⑪ $42-37=$

⑫ $57-18=$

⑬ $63-26=$

⑭ $71-63=$

⑮ $92-47=$

뺄셈을 하세요.

①
$$\begin{array}{r} 4\,1 \\ -\,1\,5 \\ \hline \end{array}$$

②
$$\begin{array}{r} 6\,4 \\ -\,5\,7 \\ \hline \end{array}$$

③
$$\begin{array}{r} 8\,3 \\ -\,1\,8 \\ \hline \end{array}$$

④
$$\begin{array}{r} 5\,5 \\ -\,2\,9 \\ \hline \end{array}$$

⑤
$$\begin{array}{r} 7\,5 \\ -\,5\,7 \\ \hline \end{array}$$

⑥
$$\begin{array}{r} 9\,2 \\ -\,3\,6 \\ \hline \end{array}$$

⑦
$$\begin{array}{r} 7\,6 \\ -\,1\,7 \\ \hline \end{array}$$

⑧
$$\begin{array}{r} 6\,3 \\ -\,4\,5 \\ \hline \end{array}$$

⑨
$$\begin{array}{r} 8\,4 \\ -\,3\,8 \\ \hline \end{array}$$

⑩ $25-16=$

⑪ $42-19=$

⑫ $52-35=$

⑬ $73-46=$

🐾 ☐ 안에 알맞은 수를 써넣으세요.

1 

단감 31개 중 12개를 말려 곶감을 만들었다면

남은 단감은 ☐ 개입니다.

2 

사과 나무에 열린 사과는 32개입니다. 그중 18개를

땄다면 남은 사과는 ☐ 개입니다.

3 

5월의 날수 31일 중 13일 동안 운동했습니다.

5월에 운동하지 않은 날은 ☐ 일입니다.

4 

할아버지의 나이는 75세, 아버지의 나이는 38세입

니다. 할아버지의 나이는 아버지보다 ☐ 세 더

많습니다.

13 받아내림 표시 잊지 않기!

☆ 실수하기 쉬운 두 자리 수의 뺄셈

실수 1 받아내림한 수를 빼지 않은 경우

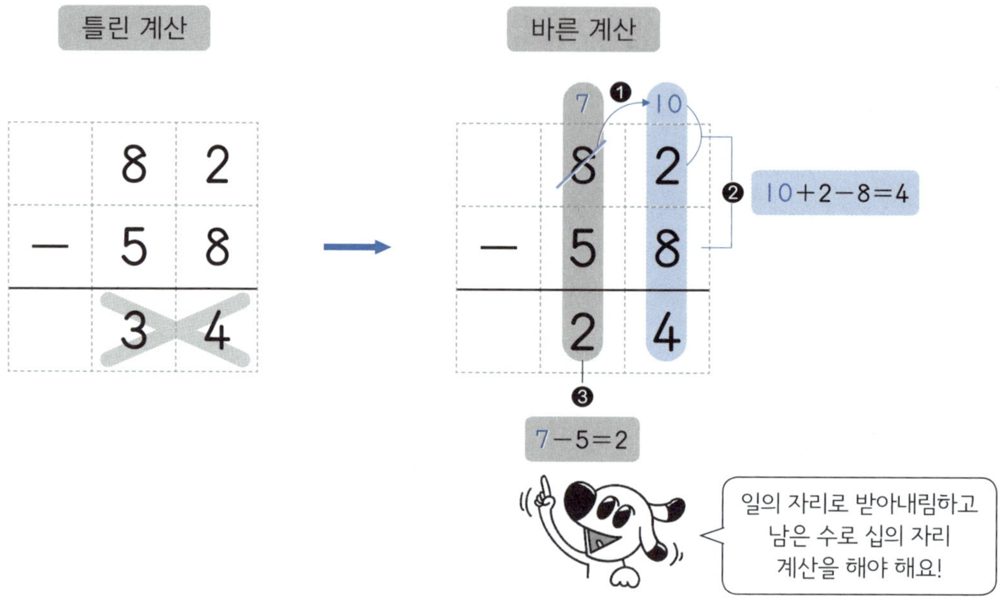

실수 2 잘못된 뺄셈을 하는 경우

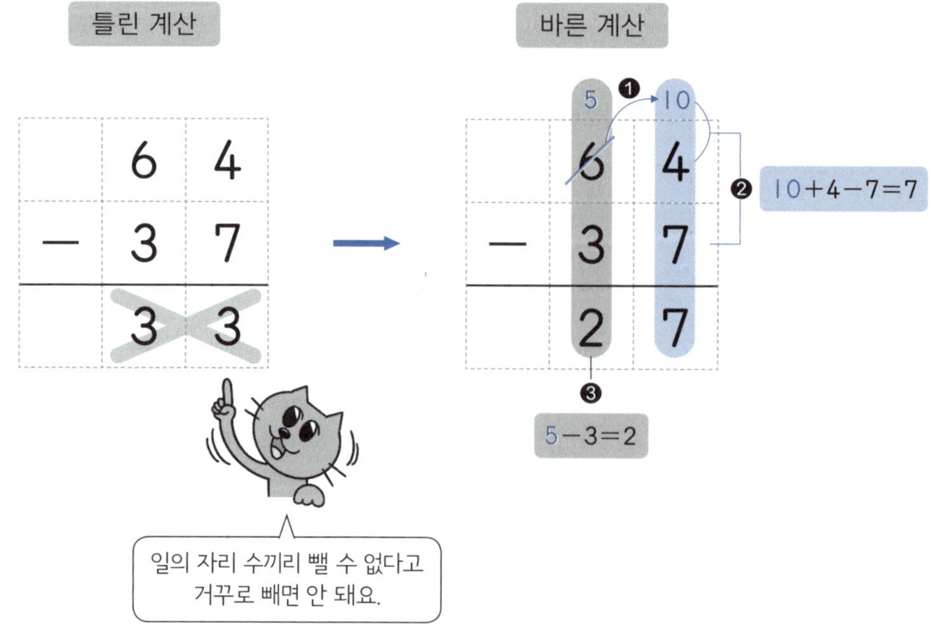

받아내림이 있으면 일의 자리는 10이 커지고,
십의 자리는 1이 작아지는 것만 기억하면 실수 없을 거예요.

🐾 뺄셈을 하세요.

①
$$\begin{array}{r} 2\ 5 \\ -\ 1\ 8 \\ \hline \end{array}$$

②
$$\begin{array}{r} 6\ 2 \\ -\ 2\ 3 \\ \hline \end{array}$$

③
$$\begin{array}{r} 8\ 7 \\ -\ 3\ 9 \\ \hline \end{array}$$

④
$$\begin{array}{r} 3\ 4 \\ -\ 1\ 5 \\ \hline \end{array}$$

⑤
$$\begin{array}{r} 5\ 1 \\ -\ 2\ 6 \\ \hline \end{array}$$

⑥
$$\begin{array}{r} 7\ 3 \\ -\ 4\ 9 \\ \hline \end{array}$$

⑦
$$\begin{array}{r} 4\ 0 \\ -\ 2\ 1 \\ \hline \end{array}$$

⑧
$$\begin{array}{r} 8\ 6 \\ -\ 7\ 8 \\ \hline \end{array}$$

⑨
$$\begin{array}{r} 9\ 2 \\ -\ 1\ 8 \\ \hline \end{array}$$

⑩ $52-35=$

⑪ $35-29=$

⑫ $84-45=$

⑬ $73-18=$

⑭ $60-47=$

⑮ $94-36=$

🐾 뺄셈을 하세요.

①
```
   4 1
 − 3 5
───────
```

②
```
   8 5
 − 2 8
───────
```

③
```
   7 2
 − 4 9
───────
```

④
```
   9 3
 − 8 5
───────
```

⑤
```
   5 4
 − 2 9
───────
```

⑥
```
   8 0
 − 5 2
───────
```

⑦
```
   6 3
 − 1 7
───────
```

⑧
```
   8 1
 − 6 2
───────
```

⑨
```
   9 6
 − 3 9
───────
```

⑩ $34-15=$

⑪ $82-17=$

⑫ $71-54=$

⑬ $65-48=$

⑭ $92-66=$

⑮ $78-39=$

 ○ 안에 계산 결과가 맞으면 ○표, 틀리면 ×표 하고, 틀린 계산은 바르게 풀어
보세요.

1 ✕

```
  3 1
- 2 6
------
  1 5
```
→
```
  3 1
- 2 6
------
```

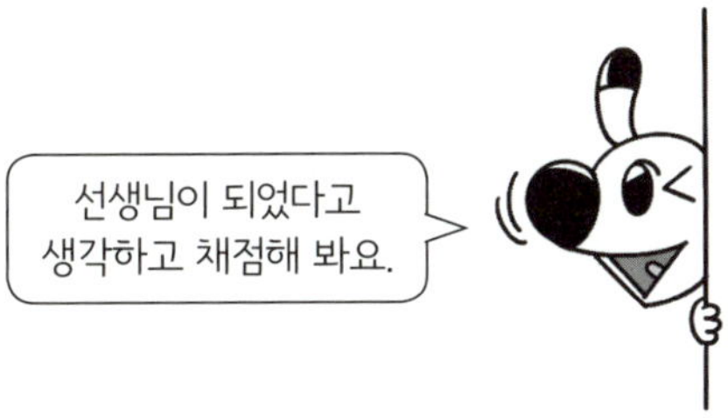

2 ○

```
  7 2
- 2 7
------
  4 5
```
→
```
  7 2
- 2 7
------
```

3 ○

```
  7 6
- 3 8
------
  3 2
```
→
```
  7 6
- 3 8
------
```

4 ○

```
  5 7
- 3 9
------
  2 8
```
→
```
  5 7
- 3 9
------
```

14 세 수의 뺄셈은 무조건 앞에서부터!

☆ 62−16−22의 계산

• 세로로 계산하기

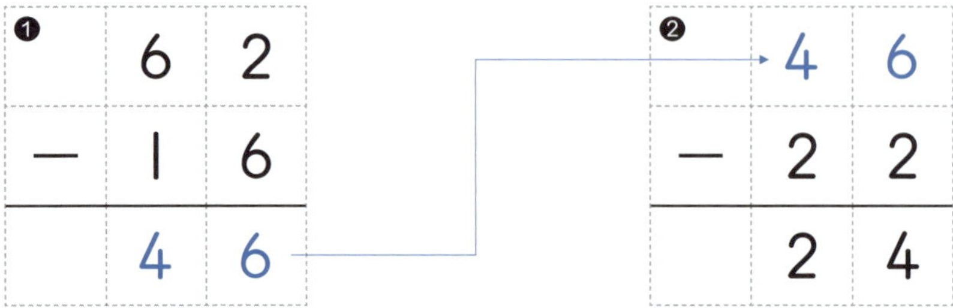

• 가로로 계산하기

$$62-16-22=\boxed{}$$

❶ 46

❷ 24

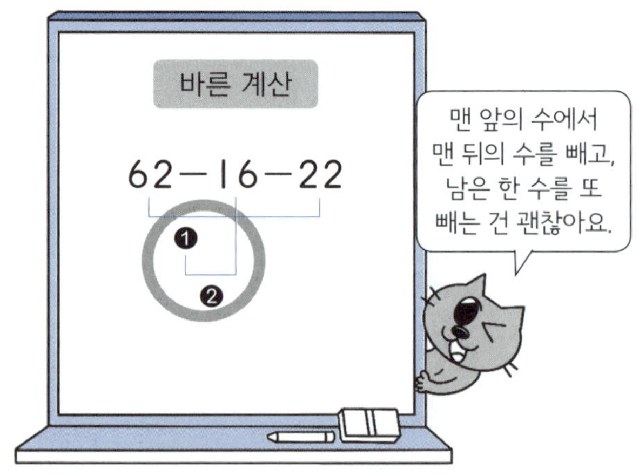

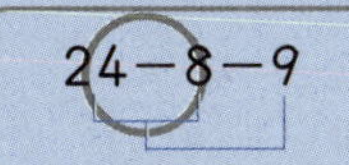

빼셈은 반드시 앞에서부터!

🐾 세 수의 뺄셈을 하세요.

1 $22-9-4=\ \square$

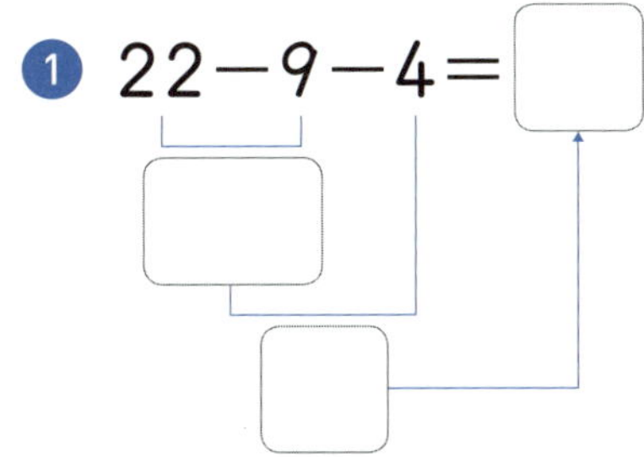

2 $34-8-8=\ \square$

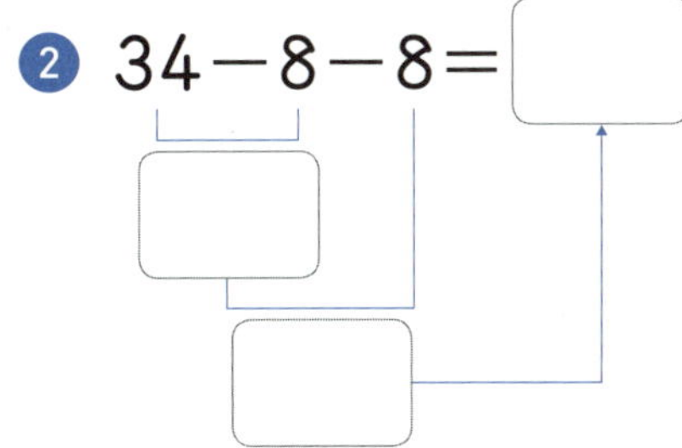

3 $43-27-8=\ \square$

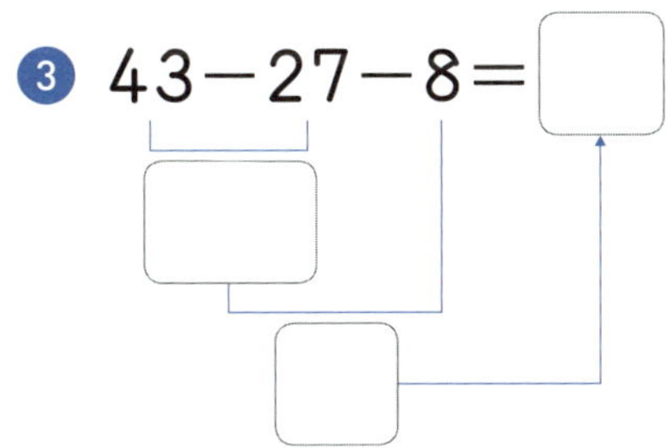

4 $52-14-15=\ \square$

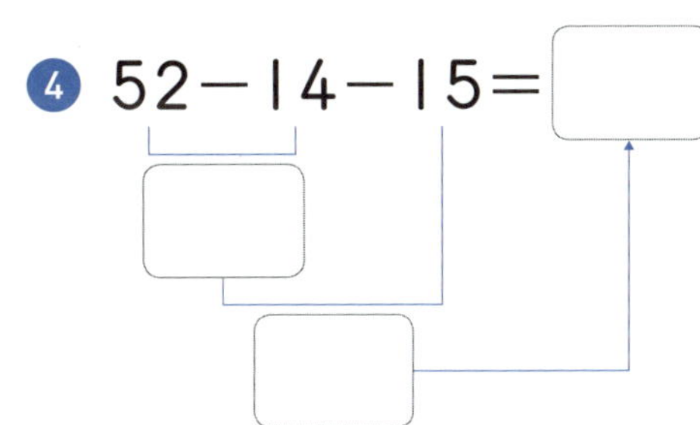

5 $61-33-19=\ \square$

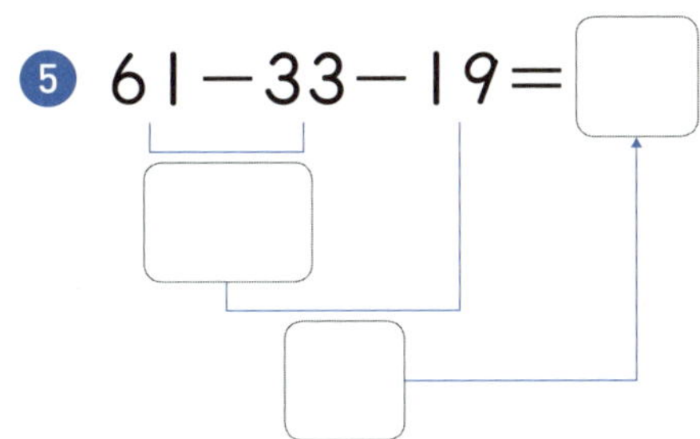

6 $75-17-19=\ \square$

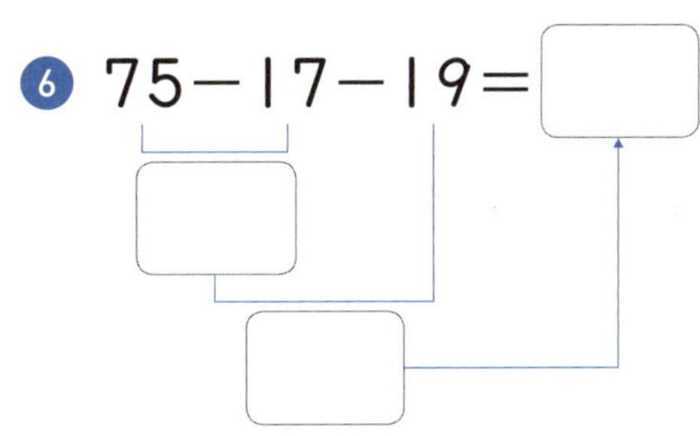

7 $84-38-17=\ \square$

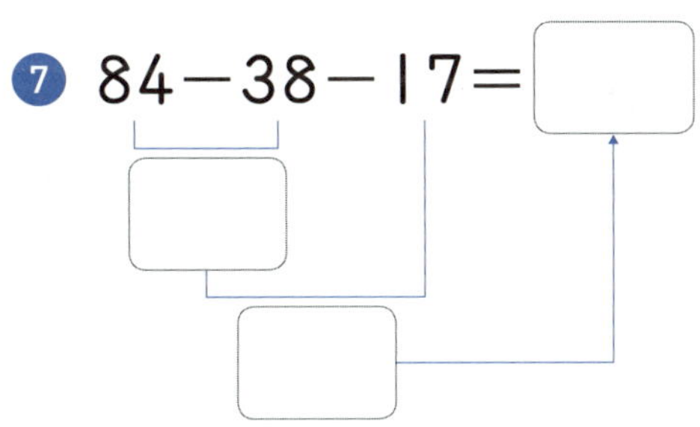

8 $92-45-29=\ \square$

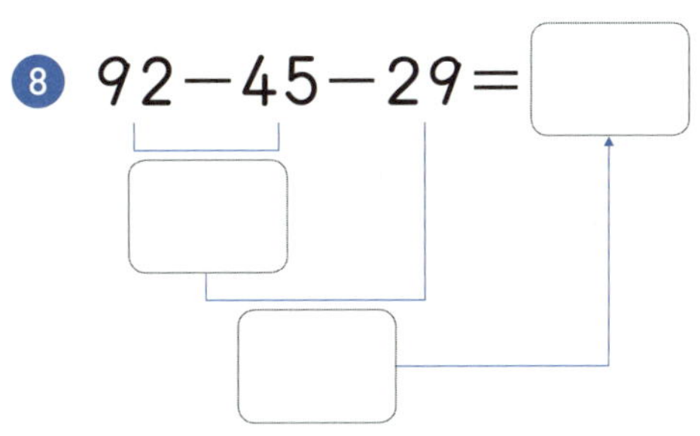

🐾 세 수의 뺄셈을 하세요.

1 $24-8-9=$

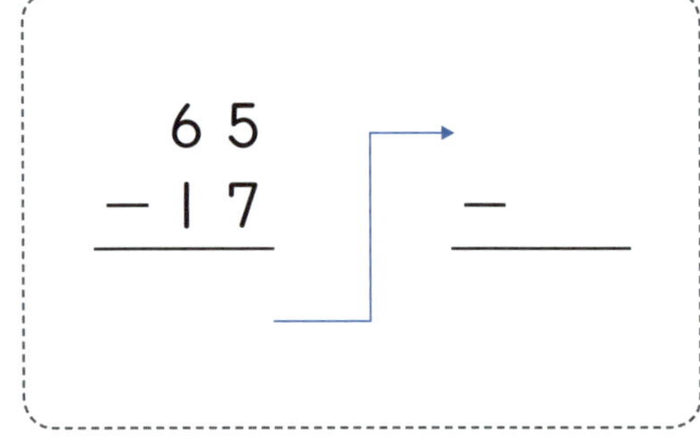

2 $41-19-8=$

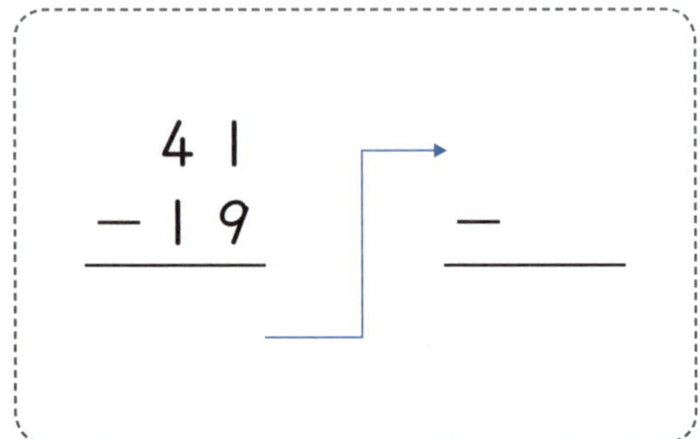

3 $65-17-29=$

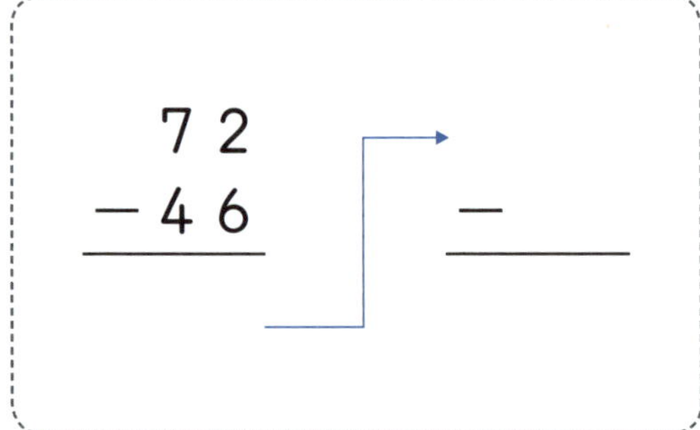

4 $72-46-18=$

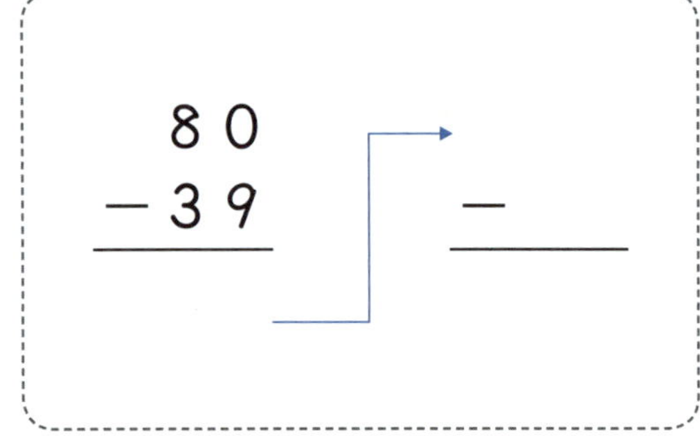

5 $80-39-26=$

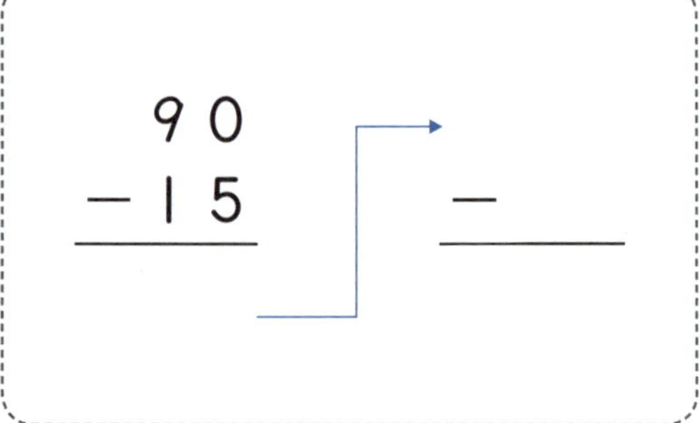

6 $90-15-37=$

생각이 자라는 **사고력 문제**

쉬운 응용 문제로 기초 사고력을 키워 봐요!

🐾 가장 큰 수에서 남은 두 수를 뺀 결과를 ◯ 안에 써넣으세요.

1

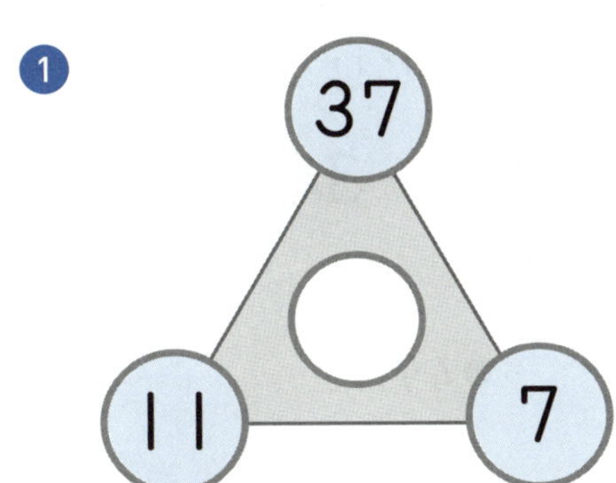

2

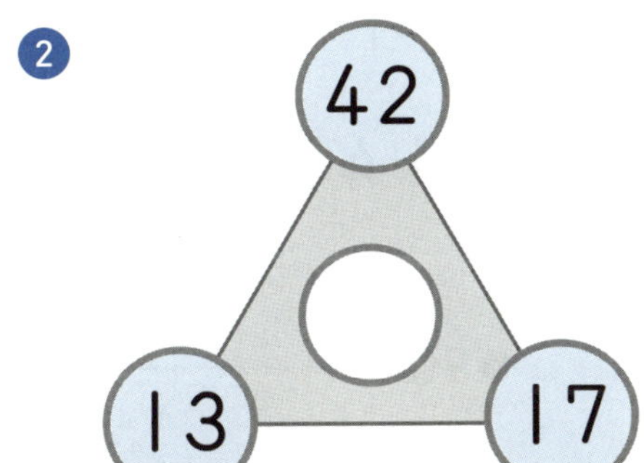

3

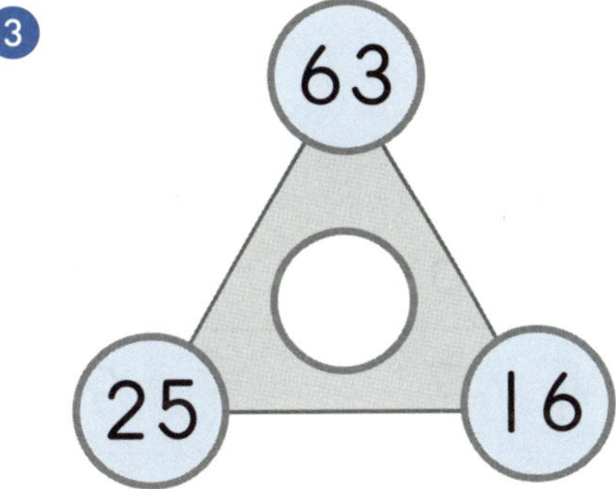

4

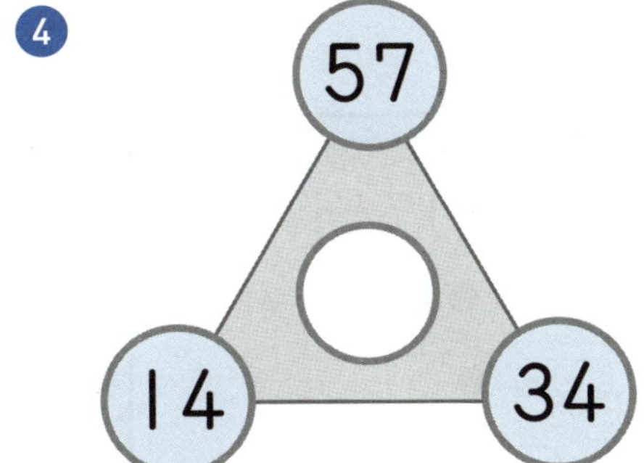

5

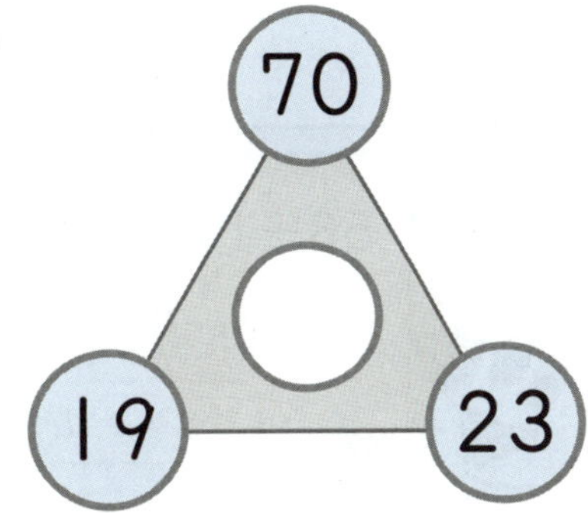

15 세 수의 혼합 계산도 순서대로 풀자

✪ 27＋56－34의 계산

• 세로로 계산하기

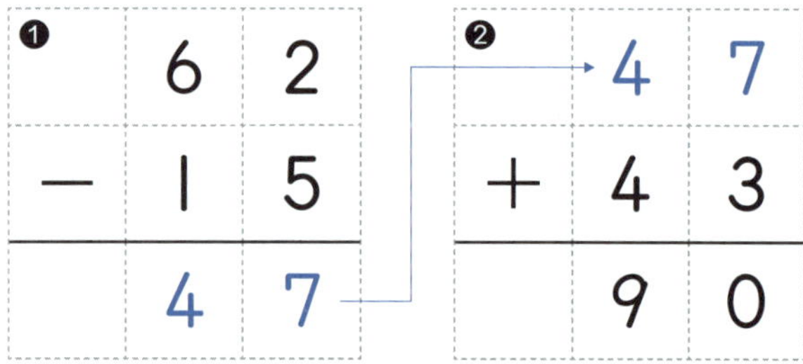

❶
```
    2 7
  + 5 6
  ─────
    8 3
```

❷
```
    8 3
  - 3 4
  ─────
    4 9
```

• 가로로 계산하기

$$27+56-34 = \boxed{49}$$

❶83
❷49

✪ 62－15＋43의 계산

• 세로로 계산하기

❶
```
    6 2
  - 1 5
  ─────
    4 7
```

❷
```
    4 7
  + 4 3
  ─────
    9 0
```

• 가로로 계산하기

$$62-15+43 = \boxed{90}$$

❶47
❷90

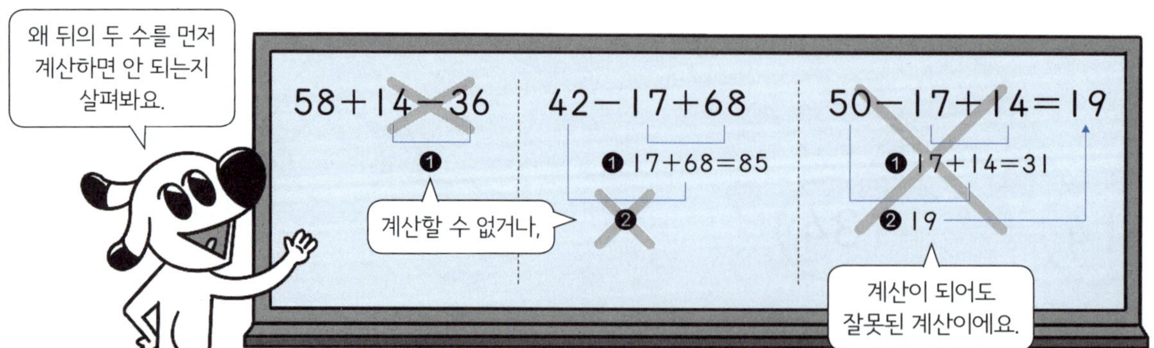

빨셈만 연속적으로 나오거나 덧셈과 뺄셈이 섞여 있는 계산은
무조건 앞에서부터 차례로 계산해요.

🐾 세 수의 뺄셈을 하세요.

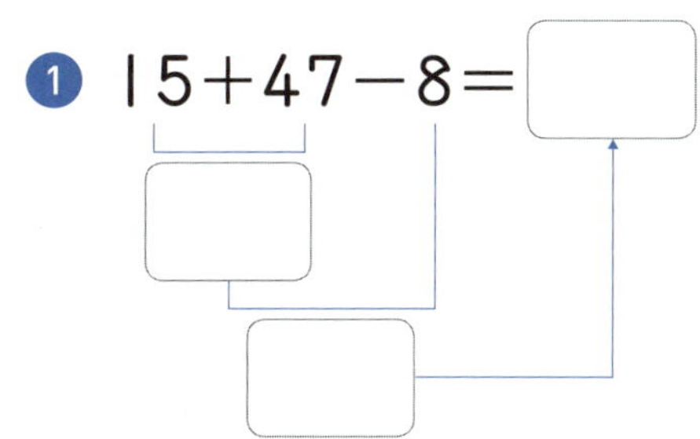

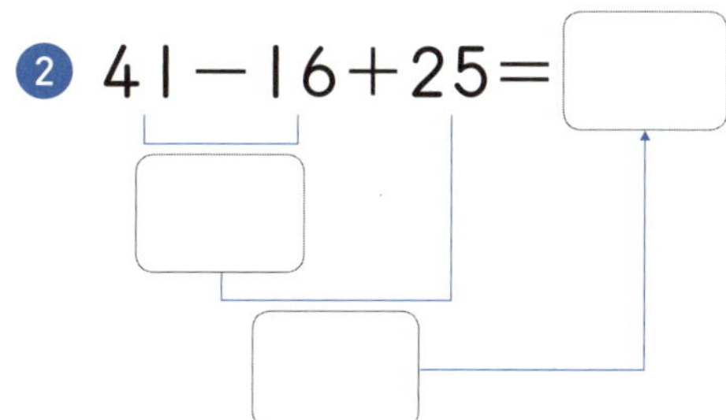

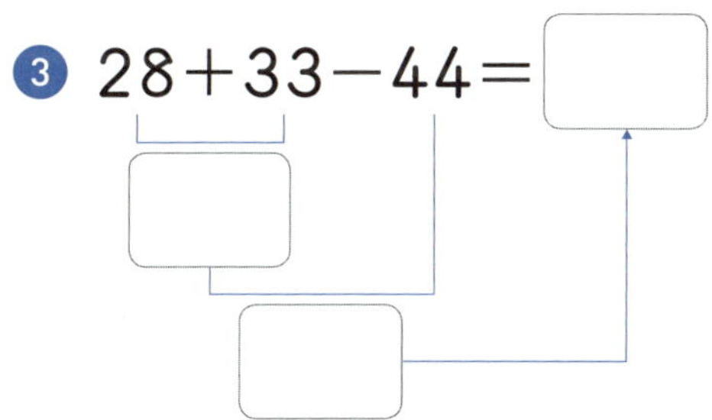

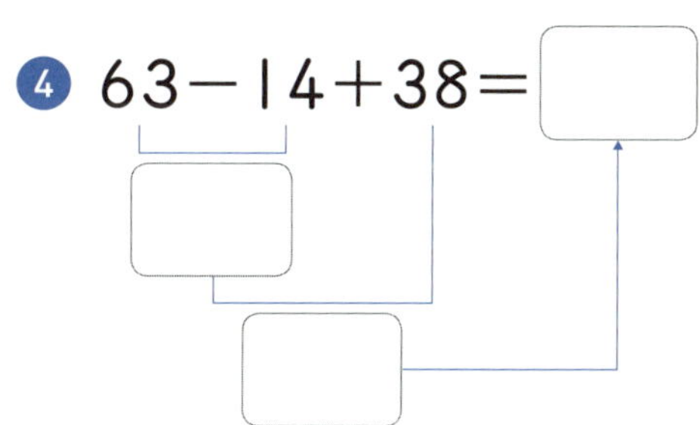

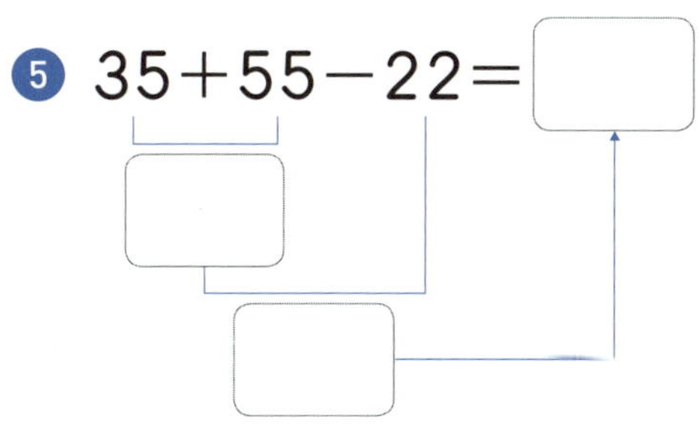

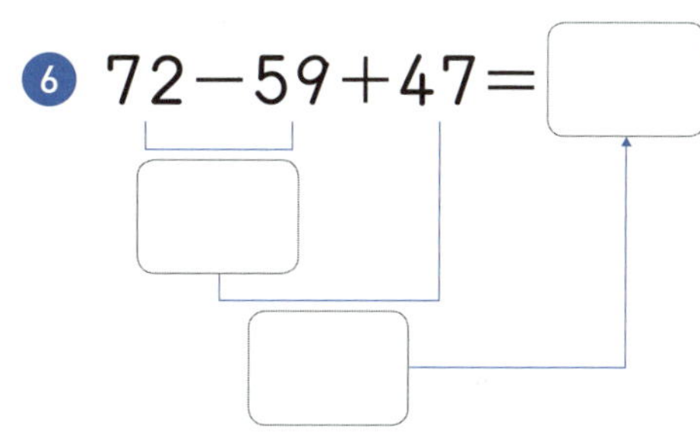

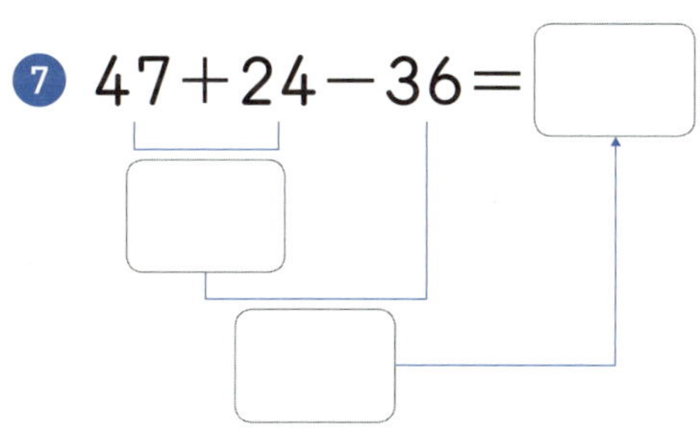

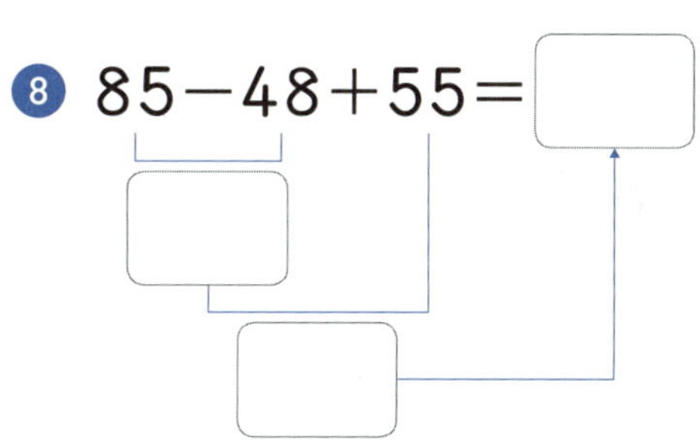

🐾 계산을 하세요.

1 $36+9-27=$

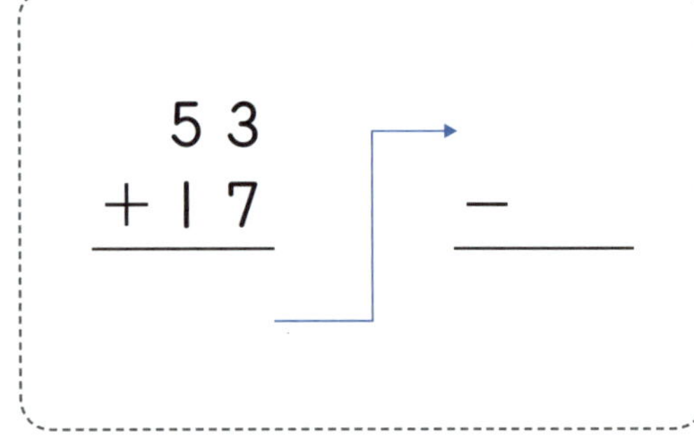

2 $51-22+14=$

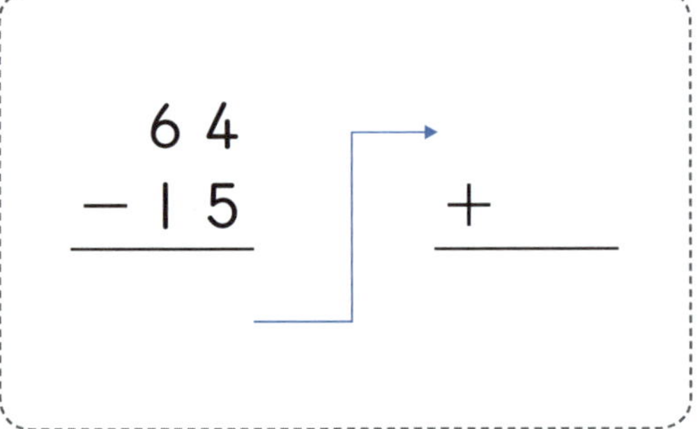

3 $53+17-19=$

4 $64-15+37=$

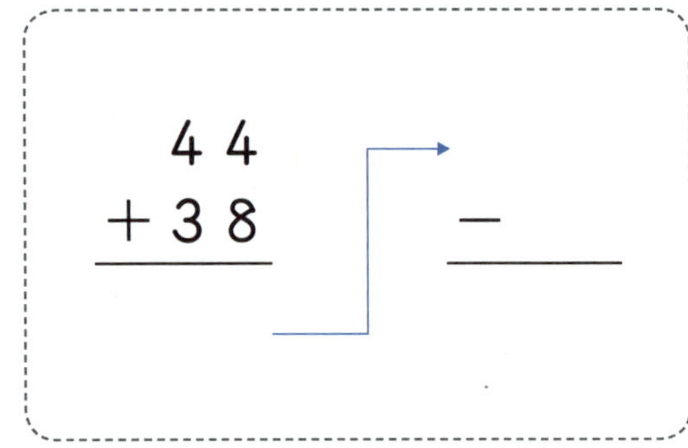

5 $44+38-27=$

6 $94-25+47=$

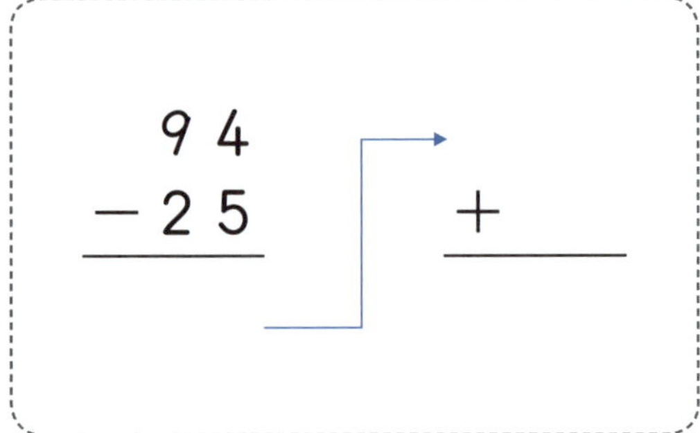

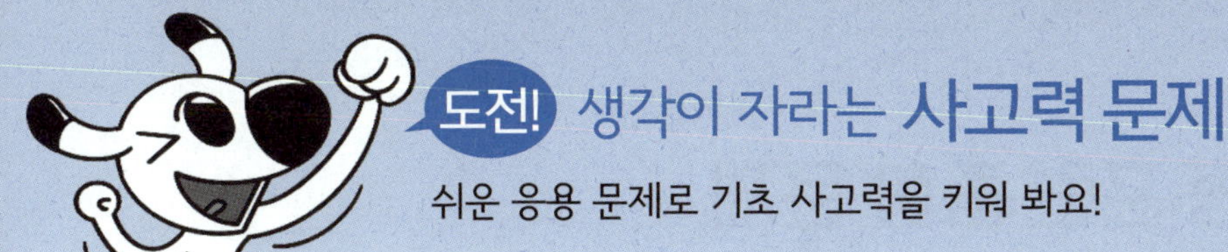

🐾 빈칸에 알맞은 수를 써넣으세요.

1

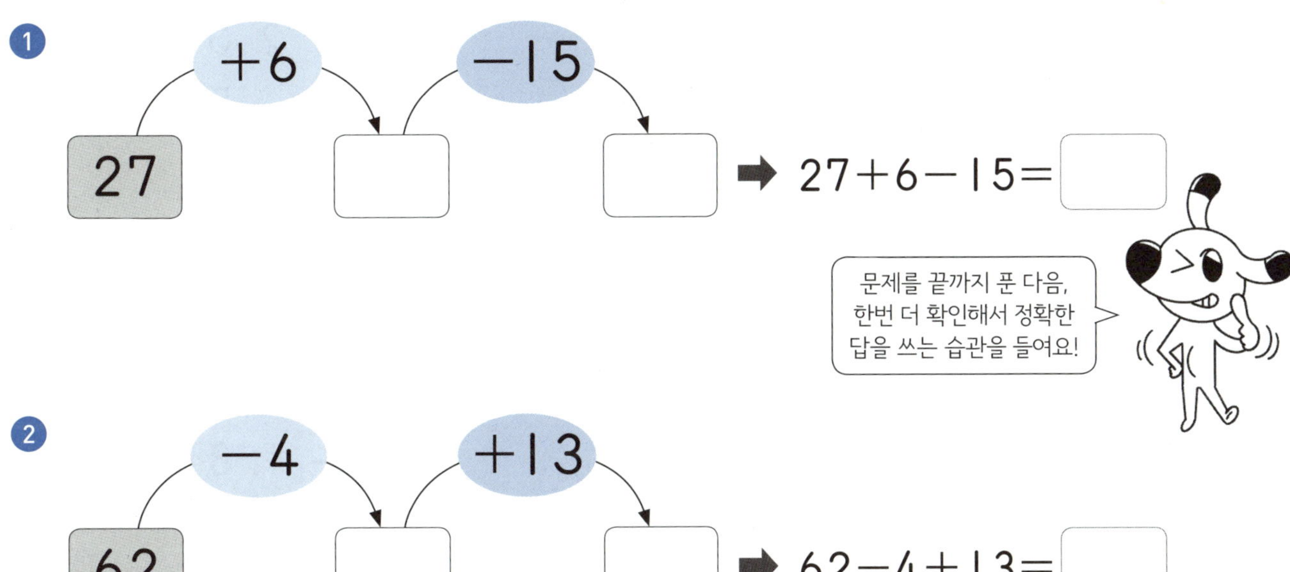

2

3

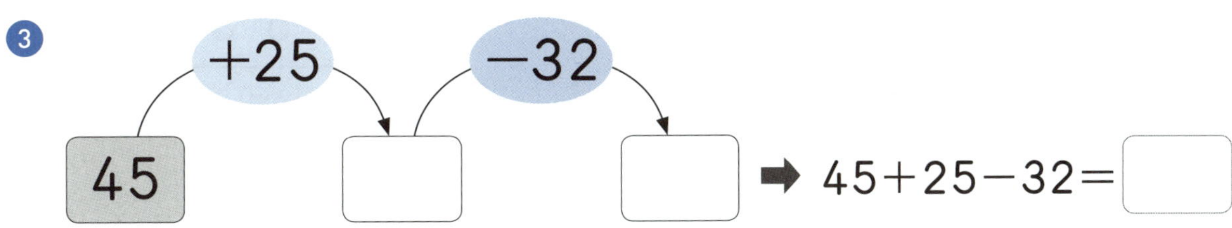

4

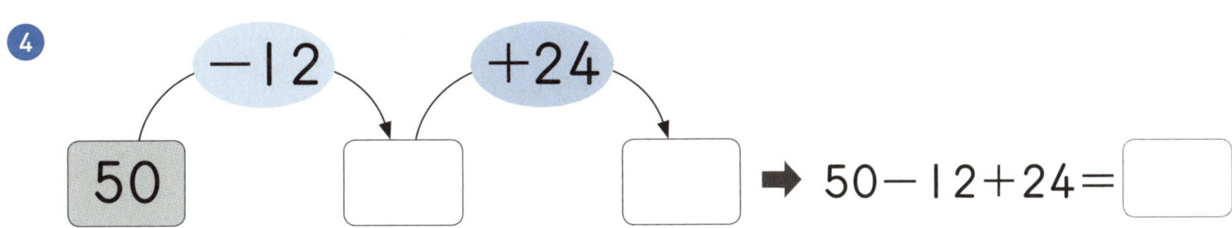

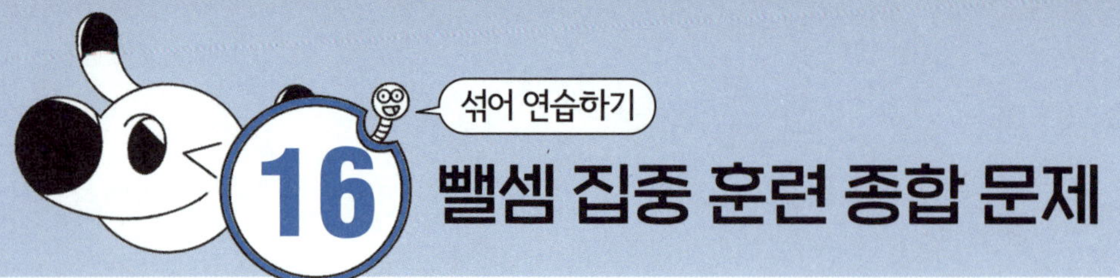

뺄셈 집중 훈련 종합 문제

🐾 뺄셈을 하세요.

①
$$\begin{array}{r} 1\,0 \\ -\ \ 7 \\ \hline \end{array}$$

②
$$\begin{array}{r} 1\,7 \\ -\ \ 9 \\ \hline \end{array}$$

③
$$\begin{array}{r} 2\,0 \\ -\ \ 8 \\ \hline \end{array}$$

④
$$\begin{array}{r} 6\,0 \\ -\ \ 5 \\ \hline \end{array}$$

⑤
$$\begin{array}{r} 3\,2 \\ -\ \ 7 \\ \hline \end{array}$$

⑥
$$\begin{array}{r} 4\,0 \\ -\,1\,3 \\ \hline \end{array}$$

⑦
$$\begin{array}{r} 5\,3 \\ -\,1\,8 \\ \hline \end{array}$$

⑧
$$\begin{array}{r} 7\,2 \\ -\,3\,4 \\ \hline \end{array}$$

⑨
$$\begin{array}{r} 9\,7 \\ -\,5\,8 \\ \hline \end{array}$$

⑩ $67-19=$

⑪ $25-8=$

⑫ $50-12=$

⑬ $72-45=$

⑭ $80-31=$

⑮ $91-16=$

🐾 ☐ 안에 알맞은 수를 써넣으세요.

1 $46-9-18=$ ☐

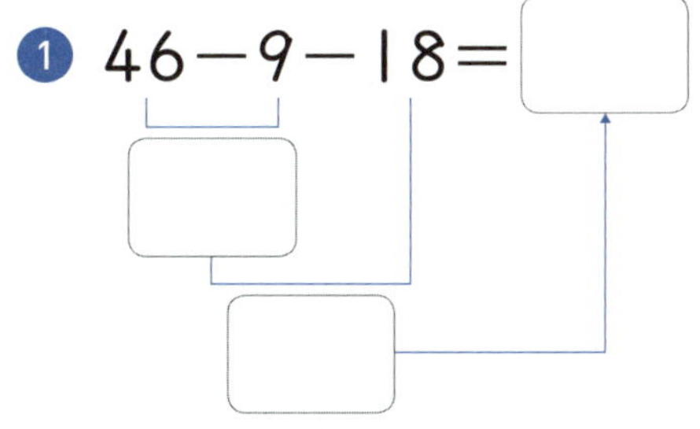

2 $27+6-15=$ ☐

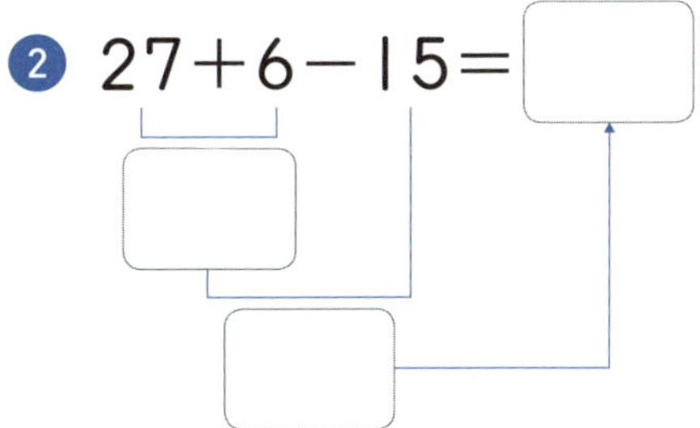

3 $52-4+13=$ ☐

4 $61-14-29=$ ☐

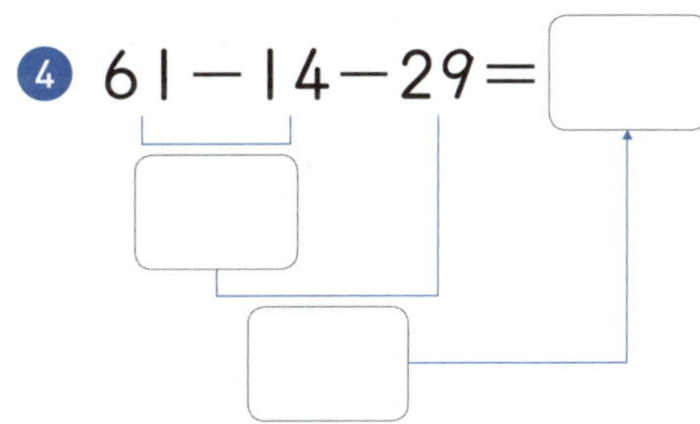

5 $45+25-23=$ ☐

6 $70-32+24=$ ☐

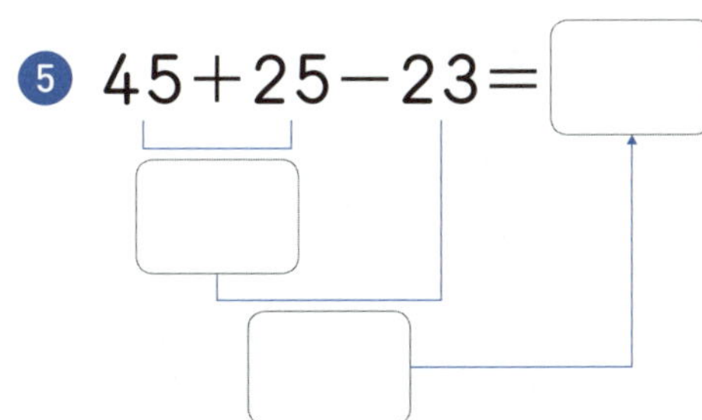

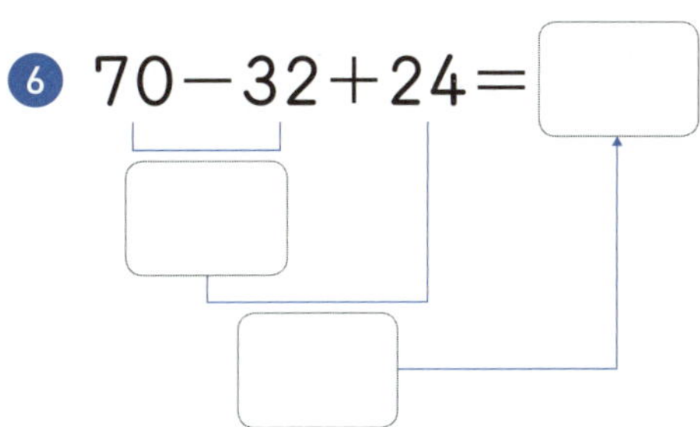

7 $32-4-19=$ ☐

8 $46+7-28=$ ☐

9 $43-16+36=$ ☐

10 $90-26-35=$ ☐

동물들이 숨바꼭질을 하고 있습니다. 사자, 여우, 곰이 숨은 곳에 알맞은 수를 ☐ 안에 써넣으세요.

$$40 - 7 = $$

$$- \quad\quad -$$

$$19 \quad\quad\quad 15$$

$$= \quad\quad\quad =$$

$$- 3 = $$

빠독이가 길을 잃어버렸어요. 갈림길에서 알맞은 답을 따라가면 집에 도착할 수 있습니다. 빠독이가 집으로 가는 길을 찾아 선으로 이어 보세요.

 ## 덧셈과 뺄셈 기호가 없던 시절에는 어떻게 표현했을까요?

고대 그리스와 인도에서는 덧셈은 수를 나란히 붙이고, 뺄셈은 수를 띄어 쓰는 방법을 썼어요.
예를 들어 5+3은 53으로, 5−3은 5 3으로 표현했지요.
라틴 사람들은 P와 M을 사용하여 덧셈과 뺄셈을 표현했는데
5+3은 5P3으로, 5−3은 5M3으로 표현했어요.
바빠 친구들이라면 덧셈과 뺄셈 기호를 어떻게 나타냈을 것 같나요?

셋째 마당

뺄셈 실력 쑥쑥

셋째 마당은 뺄셈 실력을 쑥쑥 키울 수 있는 다양한 문제로 구성되어 있어요. 이번 마당까지 풀고 나면 뺄셈 문제에 자신감이 생길 거예요.

	공부할 내용!	완료	10일 진도	20일 진도
17	뺄셈, 자릿수가 늘어나도 괜찮아	☐	8일차	15일차
18	세 자리 수 뺄셈까지 도전!	☐		16일차
19	여러 가지 방법으로 뺄 수 있어	☐	9일차	17일차
20	덧셈과 뺄셈의 관계를 다시 생각해 봐!	☐		18일차
21	뺄셈 실력을 키우는 빈칸 채우기	☐	10일차	19일차
22	뺄셈 실력 쑥쑥 종합 문제	☐		20일차

17 뺄셈, 자릿수가 늘어나도 괜찮아

☆ 받아내림이 없는 세 자리 수의 뺄셈

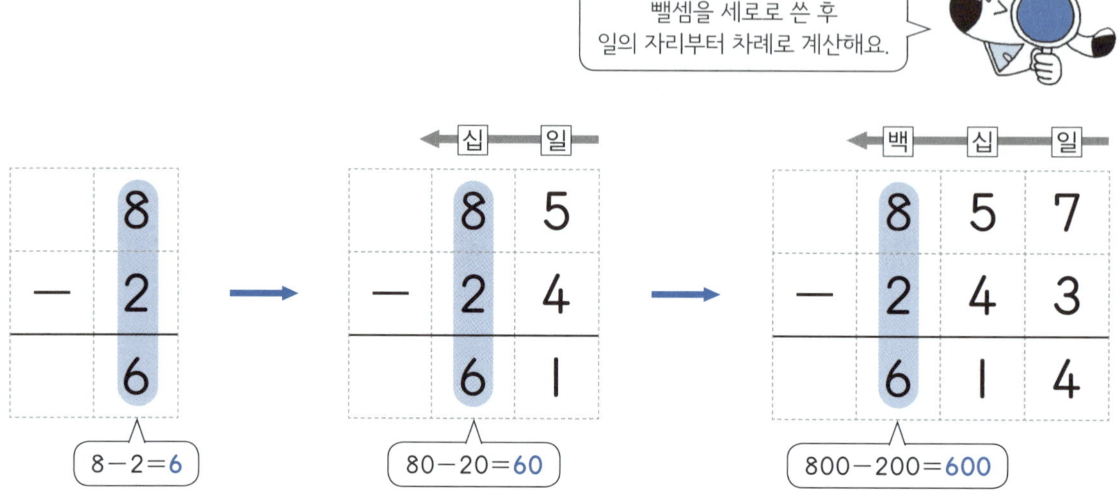

바빠 꿀팁!

각 자리를 계산하는 방법은 같지만
실제로 나타내는 값은 ① 6, ② 60, ③ 600으로 달라요.

$$8 - 2 = 6$$

🐾 뺄셈을 하세요.

①
$$9 - 4$$

②
$$95 - 41$$

③
$$956 - 413$$

④
$$18 - 3$$

⑤
$$84 - 32$$

⑥
$$847 - 326$$

⑦
$$60 - 10$$

⑧
$$56 - 41$$

⑨
$$659 - 147$$

⑩ $63-41=$

⑪ $637-412=$

⑫ $58-23=$

⑬ $358-123=$

⑭ $94-52=$

⑮ $945-521=$

🐾 뺄셈을 하세요.

---

①
$$\begin{array}{r} 400 \\ -\ 200 \\ \hline \end{array}$$

②
$$\begin{array}{r} 810 \\ -\ 600 \\ \hline \end{array}$$

③
$$\begin{array}{r} 704 \\ -\ 300 \\ \hline \end{array}$$

---

④
$$\begin{array}{r} 970 \\ -\ 360 \\ \hline \end{array}$$

⑤
$$\begin{array}{r} 396 \\ -\ 170 \\ \hline \end{array}$$

⑥
$$\begin{array}{r} 658 \\ -\ 310 \\ \hline \end{array}$$

---

⑦
$$\begin{array}{r} 583 \\ -\ 162 \\ \hline \end{array}$$

⑧
$$\begin{array}{r} 736 \\ -\ 524 \\ \hline \end{array}$$

⑨
$$\begin{array}{r} 948 \\ -\ 615 \\ \hline \end{array}$$

---

⑩ $500-300=$　　　　　　**⑪** $930-430=$

⑫ $470-120=$　　　　　　**⑬** $739-204=$

⑭ $685-572=$　　　　　　**⑮** $847-423=$

🐾 빈칸에 알맞은 수를 써넣으세요.

① 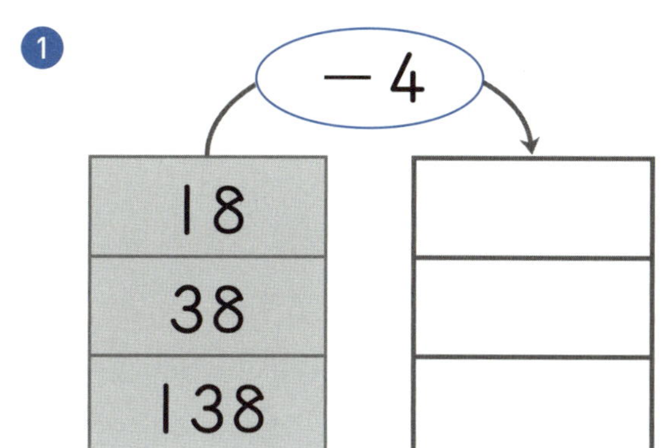

② 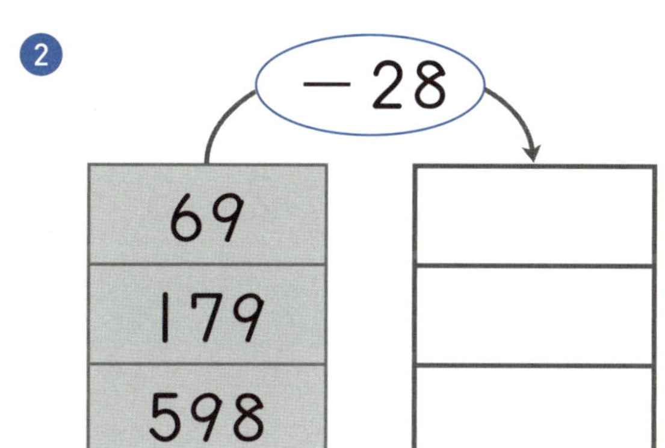

③ 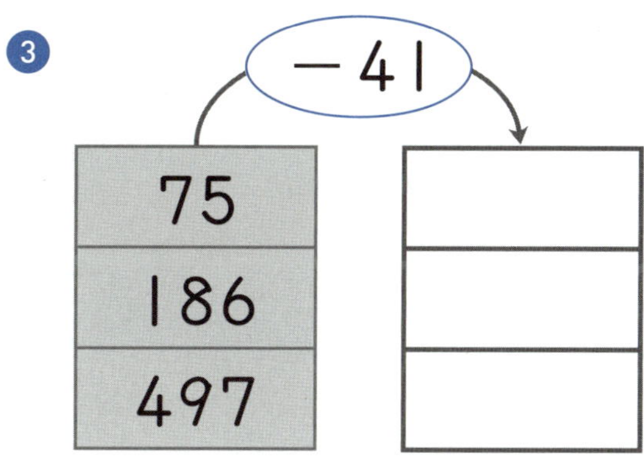

④ 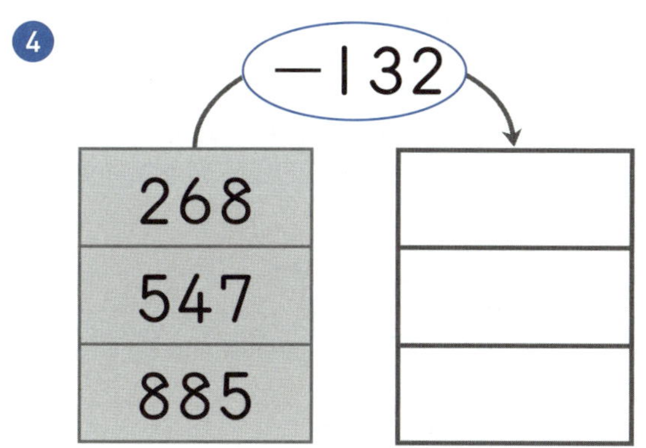

⑤ 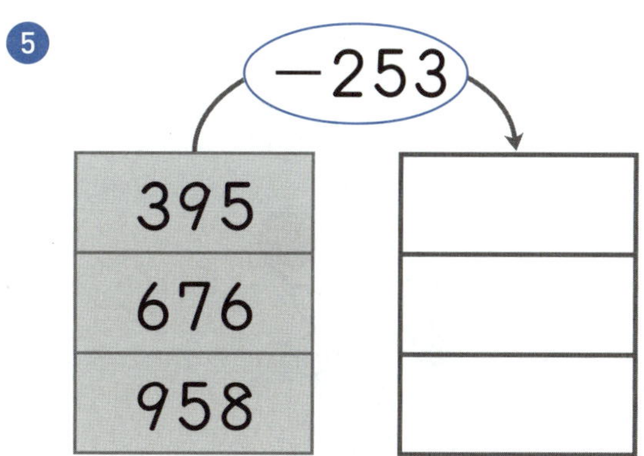

세 자리 수 뺄셈까지 도전!

☆ 받아내림이 있는 세 자리 수의 뺄셈

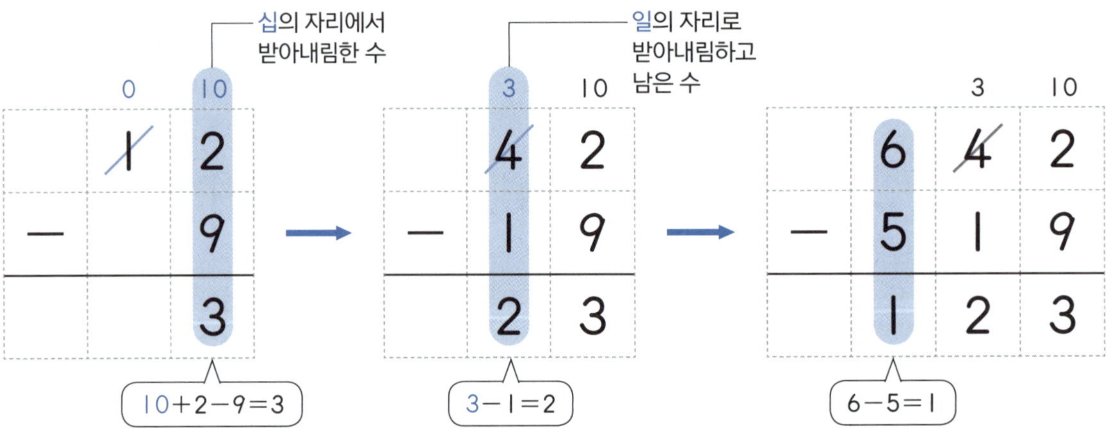

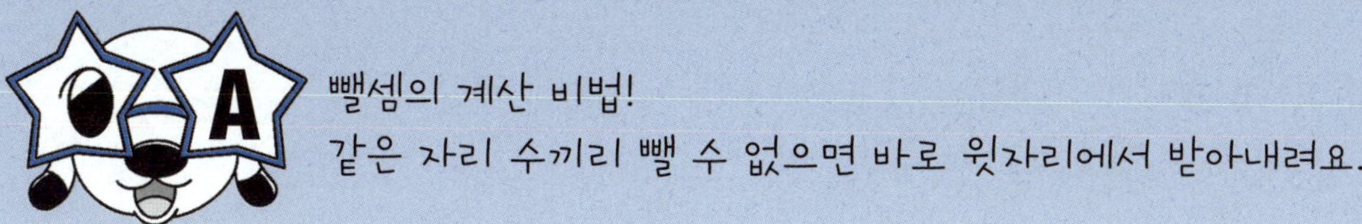

🐾 뺄셈을 하세요.

①
```
   1 4
 −   7
```

②
```
   3 4
 −   7
```

③
```
 1 3 4
 −   7
```

④
```
   5 1
 −   2
```

⑤
```
   5 1
 − 3 2
```

⑥
```
 4 5 1
 − 3 2
```

⑦
```
   8 3
 −   8
```

⑧
```
   8 3
 − 6 8
```

⑨
```
 7 8 3
 − 6 8
```

⑩ $32 - 4 =$

⑪ $232 - 4 =$

⑫ $85 - 49 =$

⑬ $585 - 49 =$

⑭ $51 - 27 =$

⑮ $951 - 27 =$

십의 자리에서 받아내림이 있는 세 자리 수의 뺄셈은
두 자리 수의 뺄셈 원리와 똑같아요.

🐾 뺄셈을 하세요.

| ① | 2 4 0
 −   3 | ② | 5 7 2
 −   9 | ③ | 7 5 1
 −   8 |

| ④ | 1 6 0
 −   3 9 | ⑤ | 4 8 3
 −   5 4 | ⑥ | 8 3 3
 −   2 9 |

| ⑦ | 7 5 0
 − 4 1 4 | ⑧ | 6 9 1
 − 2 3 5 | ⑨ | 9 2 4
 − 3 0 5 |

⑩ $180-5=$

⑪ $364-7=$

⑫ $350-17=$

⑬ $172-14=$

⑭ $736-218=$

⑮ $942-627=$

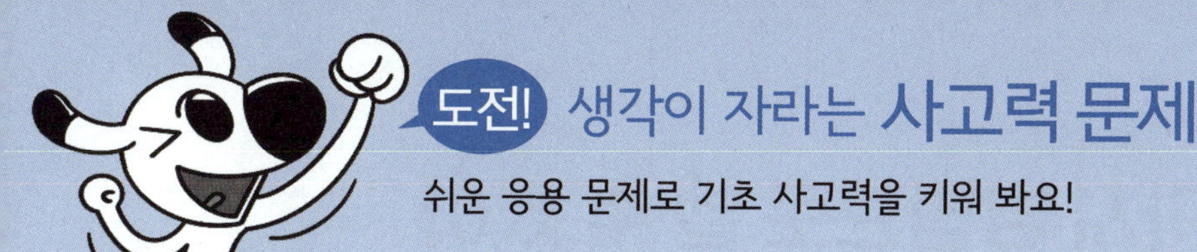

🐾 보기 와 같이 계산해 빈 곳에 알맞은 수를 써넣으세요.

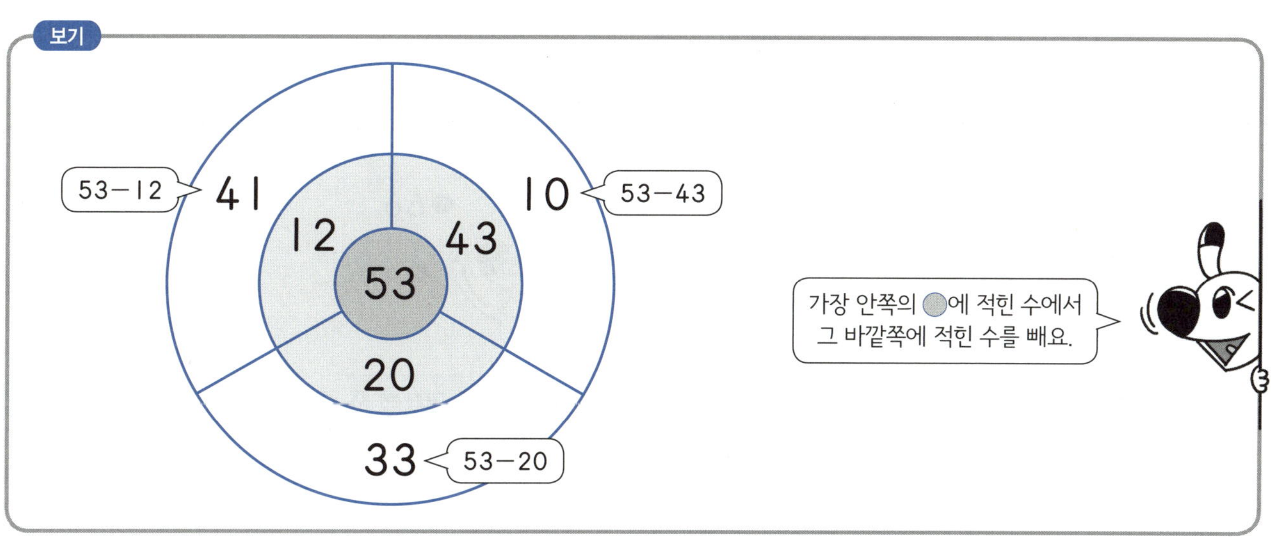

1

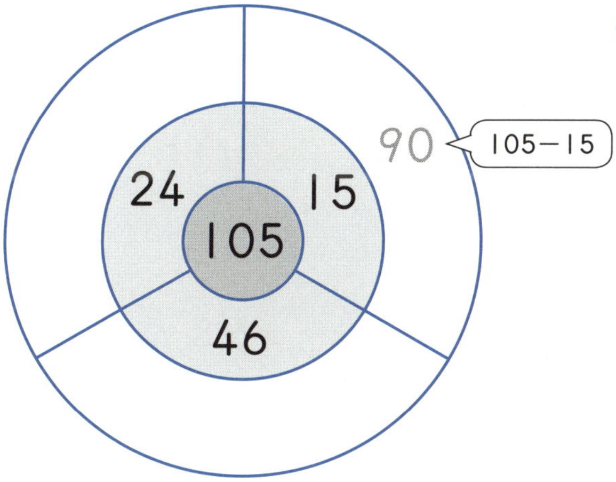

2

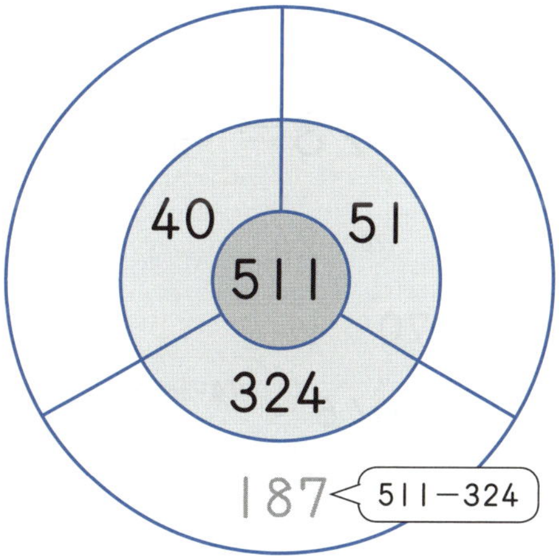

3

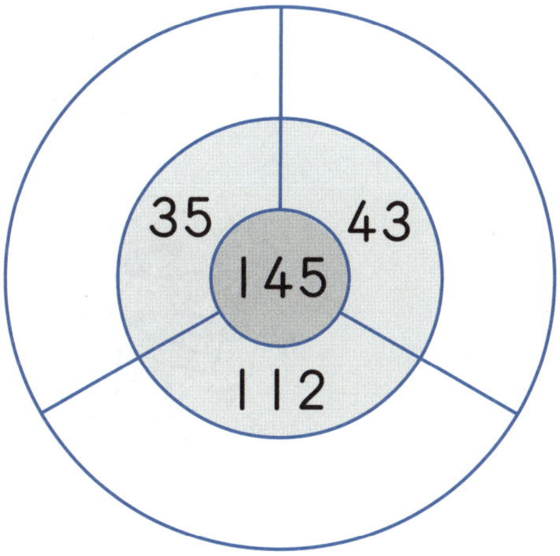

4

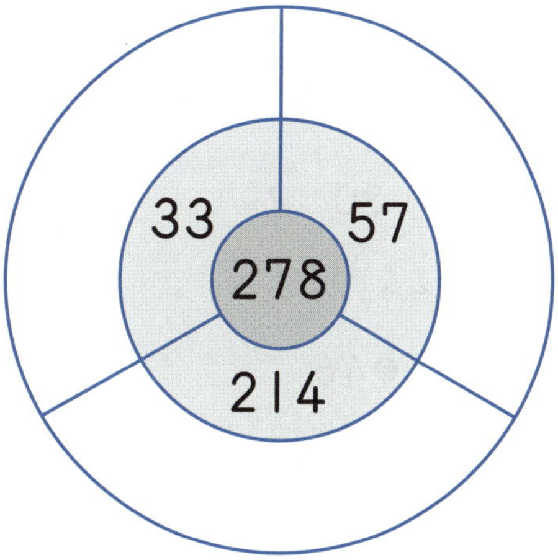

여러 가지 방법으로 뺄 수 있어

☆ 74−28을 여러 가지 방법으로 계산하기

방법 1 몇십과 몇으로 나누어 빼기

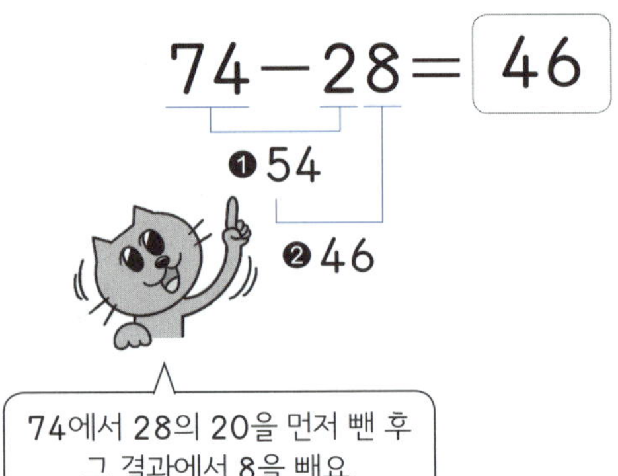

방법 2 몇십이 되게 빼기

74−28= 46

4 24

❶70

❷46

74에서 4만큼을 먼저 뺀 값에서
남은 수를 빼요.

방법 3 몇십으로 만들어 빼기

74−28= 46

30 2

❶44

❷46

44+2

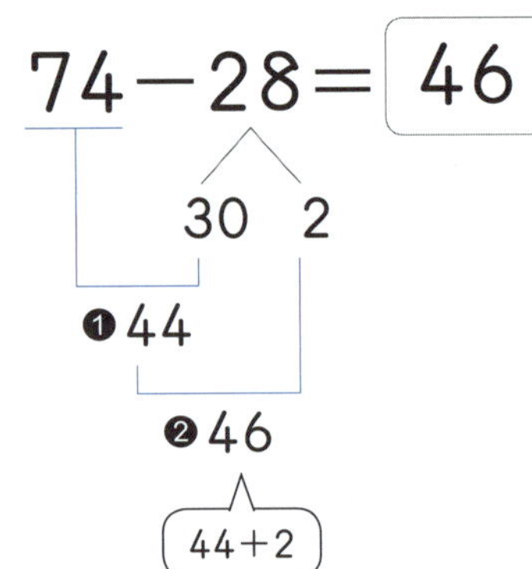

 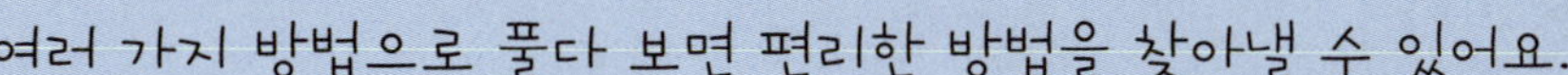

🐾 여러 가지 방법으로 뺄셈을 하세요.

❶ 43 − 16 = ☐

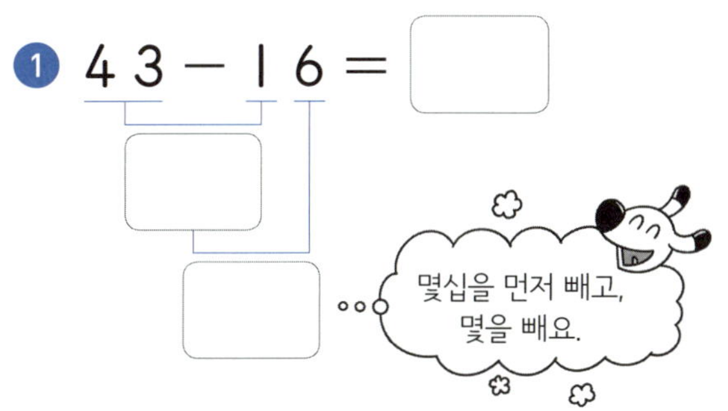

43 − 16 = ☐

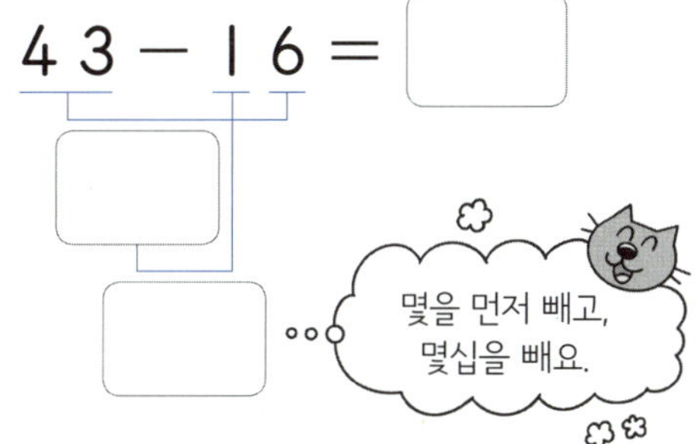

❷ 71 − 34 = ☐

71 − 34 = ☐

❸ 64 − 25 = ☐

64 − 25 = ☐

❹ 90 − 35 = ☐

90 − 35 = ☐

더 쉬운 방법을 생각해 가며 풀어 봐요.

🐾 여러 가지 방법으로 뺄셈을 하세요.

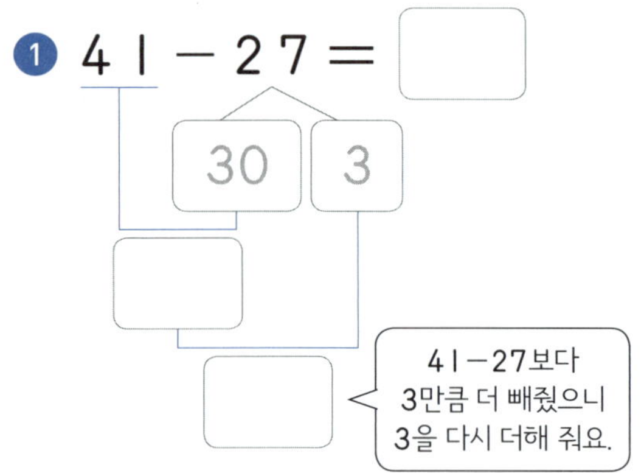

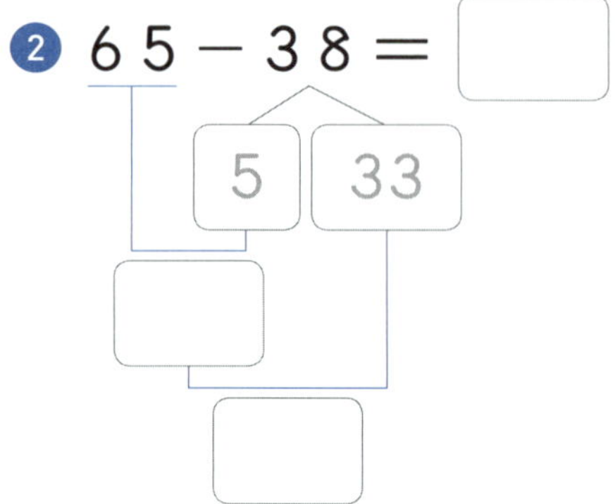

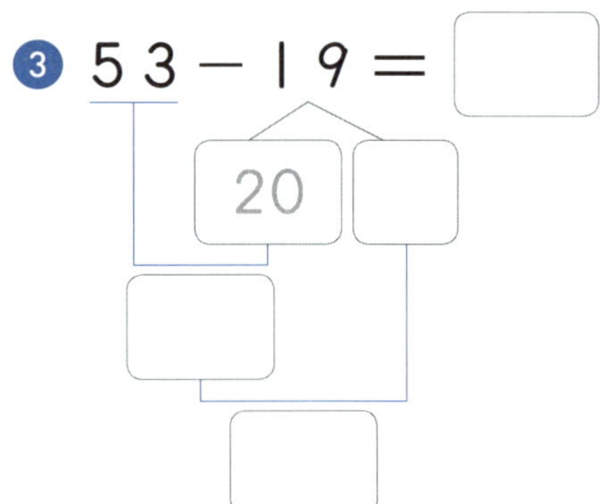

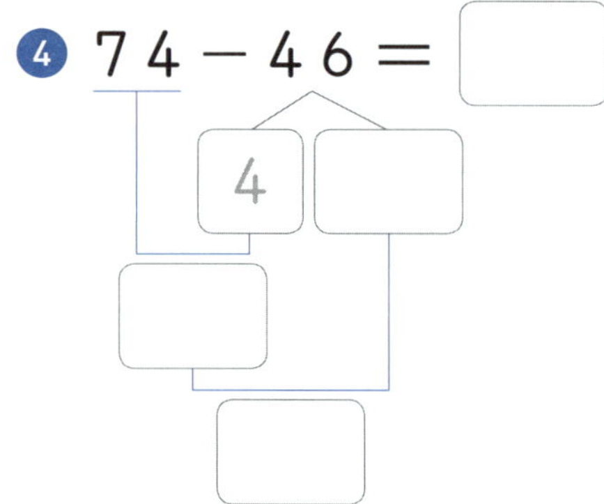

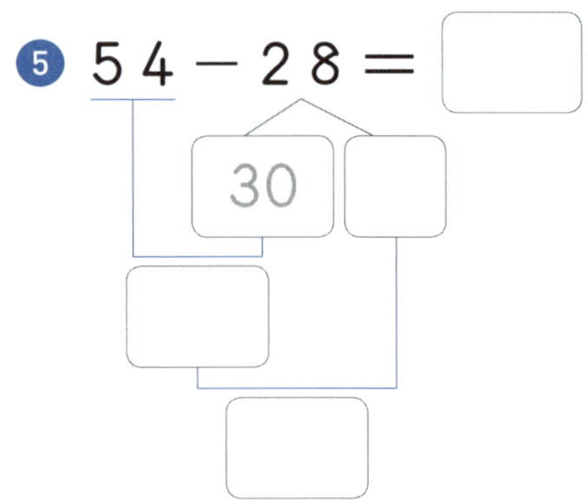

쉬운 응용 문제로 기초 사고력을 키워 봐요!

🐾 **보기** 와 같은 방법으로 계산하세요.

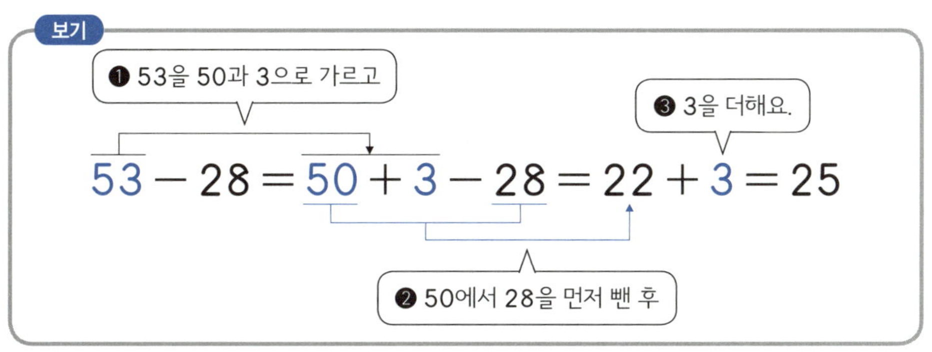

앞의 수를 몇십과 몇으로 가르기 하면 몇을 나중에 더해야 해요.

1

2

$74 - 55 =$

3

$76 - 48 =$

20 덧셈과 뺄셈의 관계를 다시 생각해 봐!

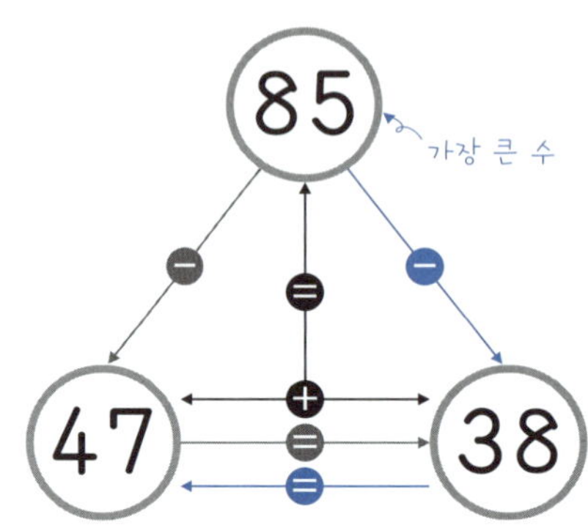

☆ 세 수로 만들 수 있는 식

작은 한 수	+	남은 한 수	=	가장 큰 수

$$47 + 38 = 85$$

$$38 + 47 = 85$$

가장 큰 수	−	작은 한 수	=	남은 한 수

$$85 - 38 = 47$$

$$85 - 47 = 38$$

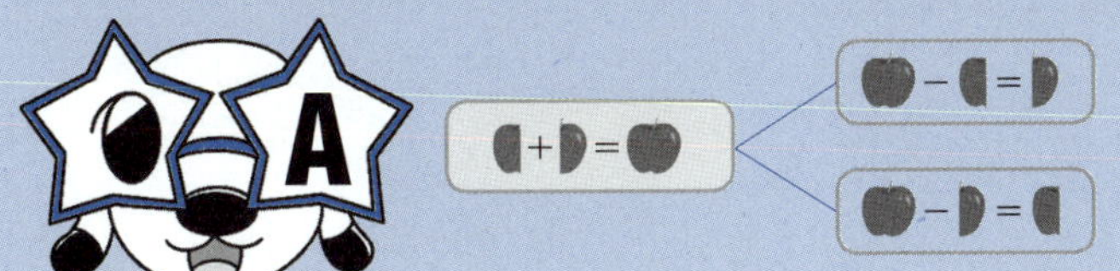

🐾 덧셈식을 보고 뺄셈식을, 뺄셈식을 보고 덧셈식을 2개 만드세요.

①

$22 + 9 = 31$

$31 - 22 = \boxed{}$

$31 - \boxed{} = 22$

②

$24 + 46 = 70$

$70 - 24 = \boxed{}$

$70 - \boxed{} = 24$

③

$15 + 35 = 50$

$50 - \boxed{} = 35$

$50 - \boxed{} = 15$

④

$17 + 75 = 92$

$92 - 17 = \boxed{}$

$92 - \boxed{} = \boxed{}$

⑤

$25 - 8 = 17$

$8 + 17 = \boxed{}$

$17 + \boxed{} = 25$

⑥

$42 - 23 = 19$

$23 + 19 = \boxed{}$

$19 + \boxed{} = 42$

⑦

$56 - 17 = 39$

$17 + \boxed{} = 56$

$39 + \boxed{} = 56$

⑧

$61 - 35 = 26$

$35 + 26 = \boxed{}$

$26 + \boxed{} = \boxed{}$

△ 안의 수와 기호를 이용하여 덧셈식과 뺄셈식을 각각 2개씩 만드세요.

1 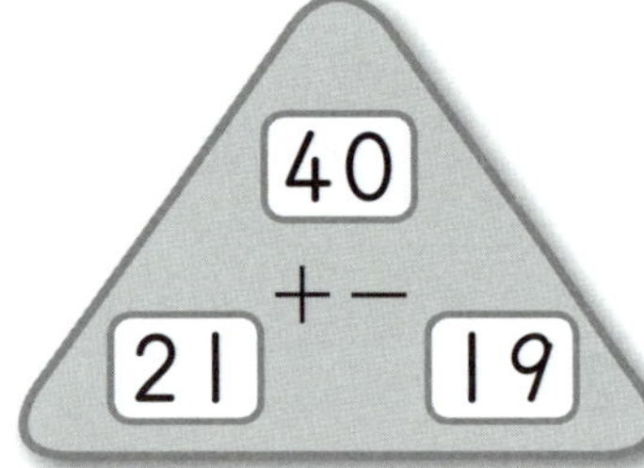

$$21 + \boxed{19} = \boxed{40}$$
$$19 + \boxed{} = \boxed{}$$
$$40 - \boxed{} = 19$$
$$40 - \boxed{} = 21$$

2 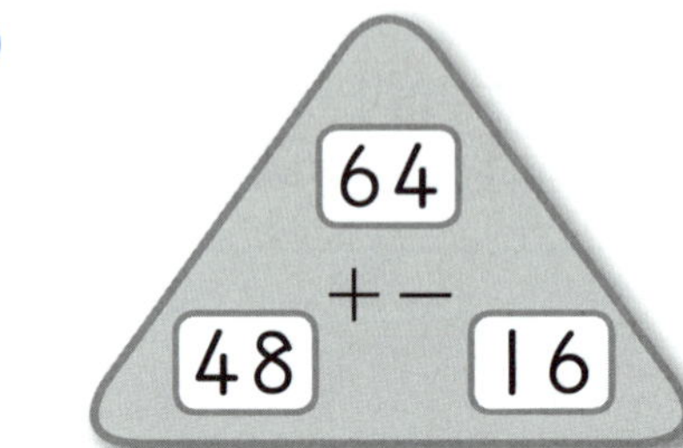

$$\boxed{} + 16 = \boxed{}$$
$$\boxed{} + 48 = \boxed{}$$
$$64 - \boxed{} = 16$$
$$64 - \boxed{} = 48$$

3 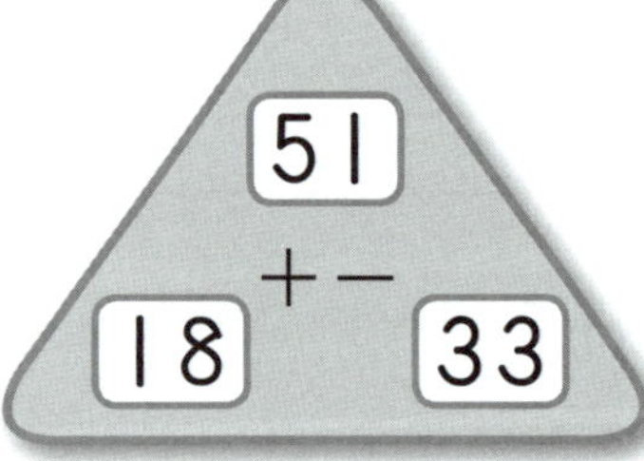

$$\boxed{} + 33 = \boxed{}$$
$$\boxed{} + 18 = \boxed{}$$
$$51 - \boxed{} = 33$$
$$51 - \boxed{} = 18$$

4 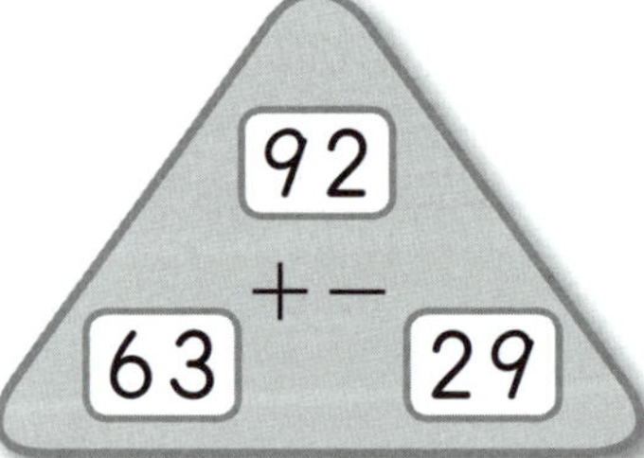

$$63 + \boxed{} = \boxed{}$$
$$29 + \boxed{} = \boxed{}$$
$$\boxed{} - \boxed{} = 29$$
$$\boxed{} - \boxed{} = 63$$

🐾 세 수를 이용하여 뺄셈식을 2개 만드세요.

1 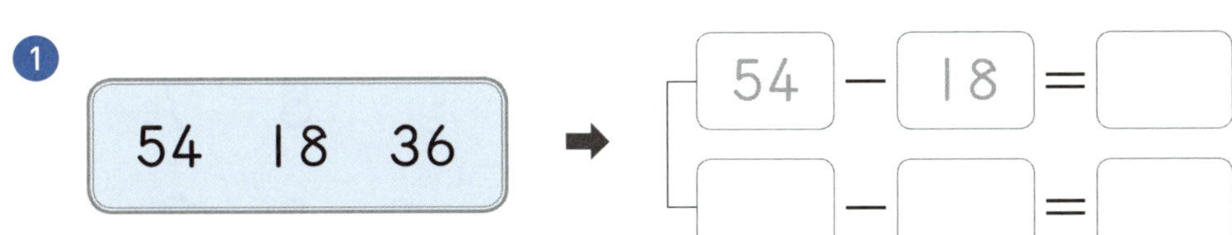

2 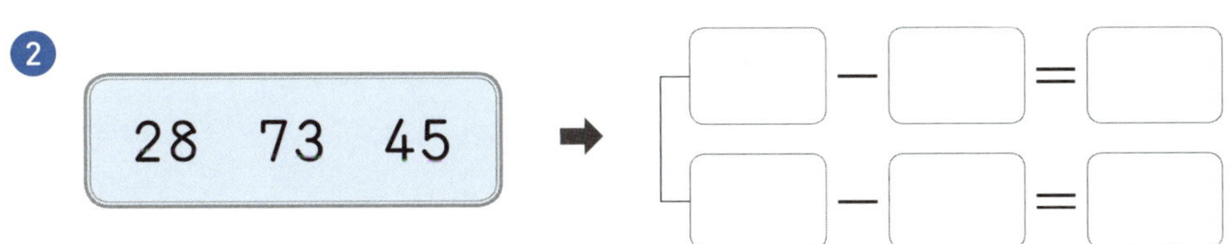

3 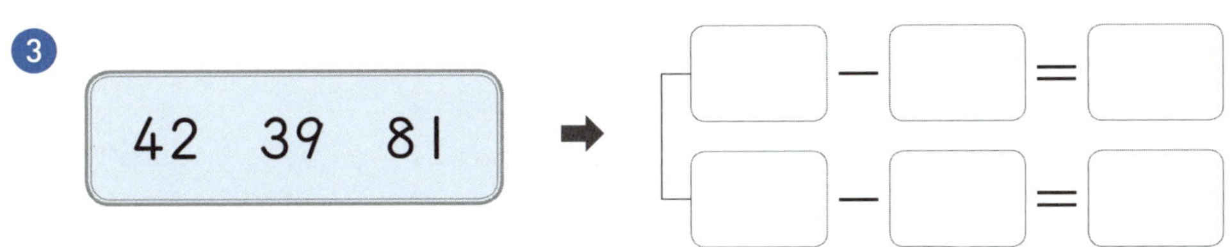

🐾 ☐ 안에 알맞은 수를 써넣으세요.

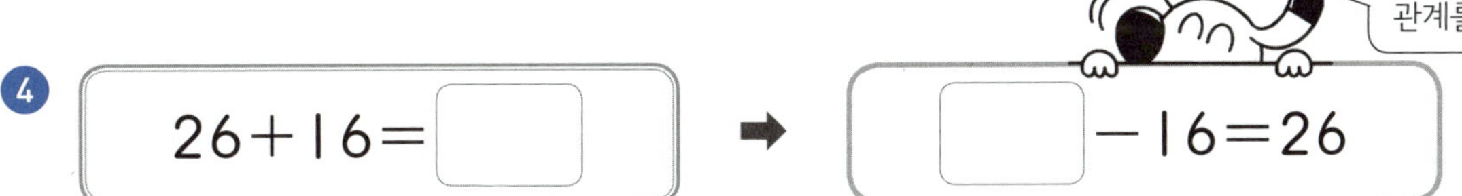

4 $26+16=\boxed{}$ ➡ $\boxed{}-16=26$

5 $32+48=\boxed{}$ ➡ $\boxed{}-48=\boxed{}$

6 $\boxed{}-24=69$ ➡ $24+\boxed{}=\boxed{}$

7 $\boxed{}-37=24$ ➡ $\boxed{}+24=\boxed{}$

뺄셈 실력을 키우는 빈칸 채우기

☆ 받아내림이 없는 경우 ☐ 안의 수 구하기

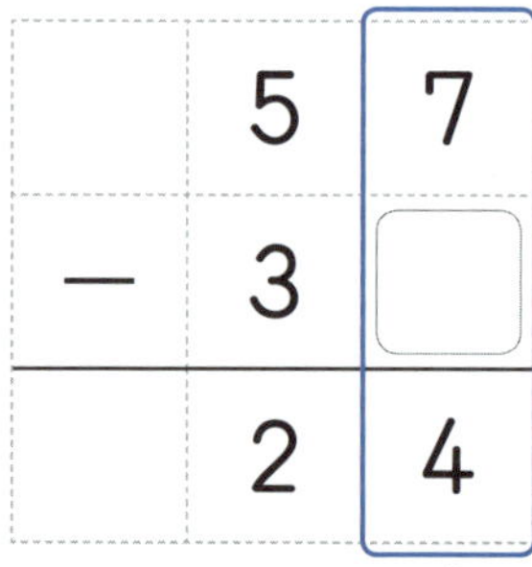

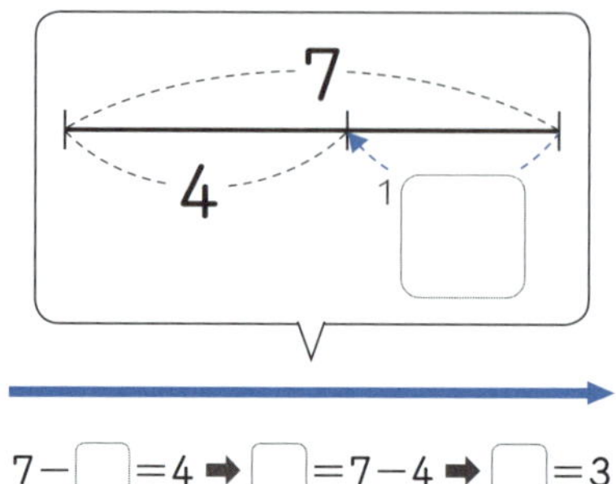

$$7 - \square = 4 \;\Rightarrow\; \square = 7 - 4 \;\Rightarrow\; \square = 3$$

☆ 받아내림이 있는 경우 ☐ 안의 수 구하기

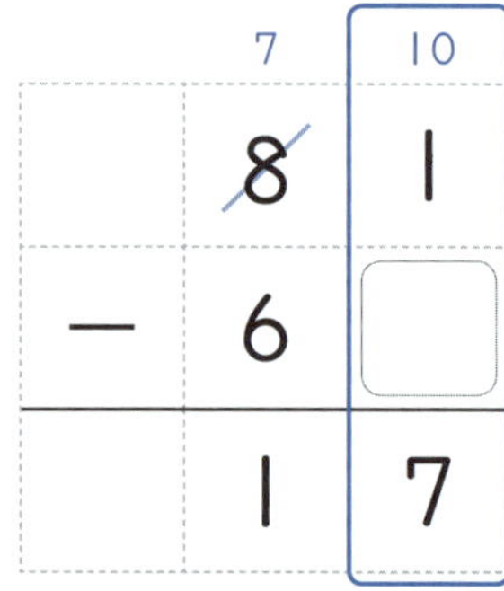

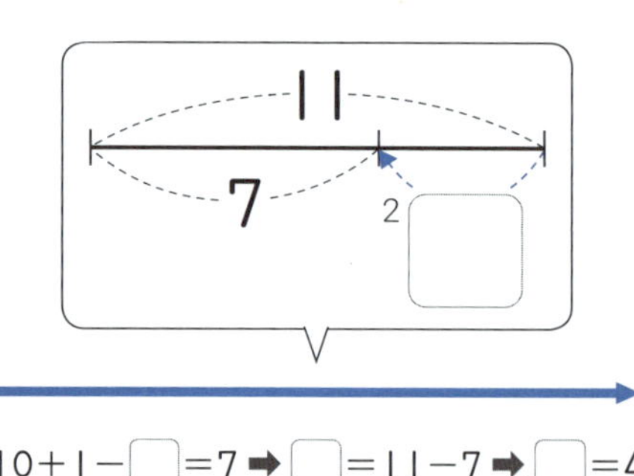

$$10 + 1 - \square = 7 \;\Rightarrow\; \square = 11 - 7 \;\Rightarrow\; \square = 4$$

🐾 ☐ 안에 알맞은 수를 써넣으세요.

1

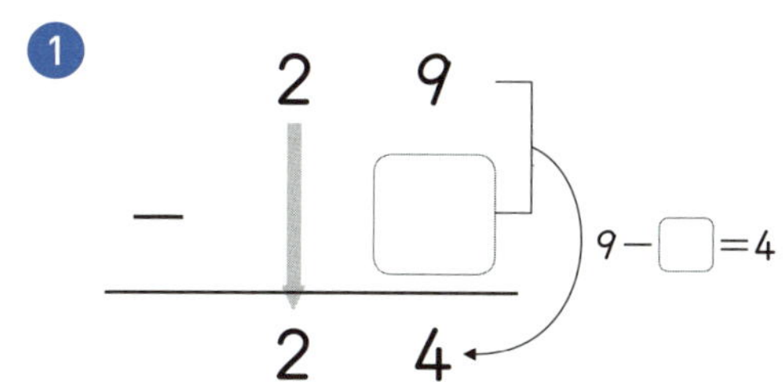

```
    2   9
  -   ↓ ☐
  ─────────
    2   4
```
$9 - ☐ = 4$

2

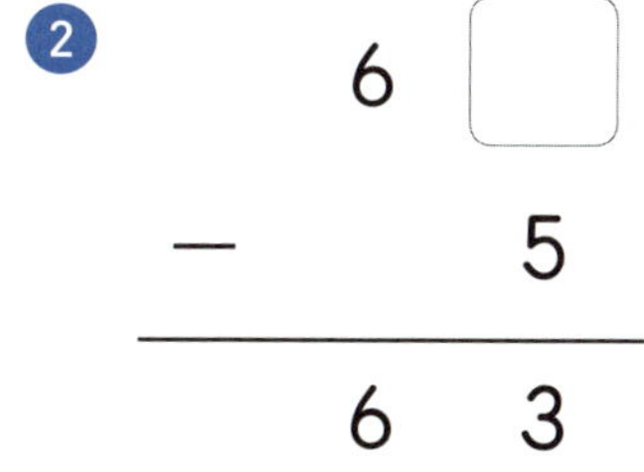

```
    6   ☐
  -     5
  ─────────
    6   3
```

3
```
    4   ☐
  - 2   5
  ─────────
    2   4
```

4
```
    7   8
  - 5   ☐
  ─────────
    2   5
```

5
```
    9   ☐
  - 7   5
  ─────────
    2   2
```

6
```
    8   6
  - ☐   2
  ─────────
    6   4
```

7
```
    ☐   9
  - 4   7
  ─────────
    5   2
```

8
```
    5   8
  - ☐   4
  ─────────
    2   4
```

9
```
    ☐   9
  - 3   2
  ─────────
    1   7
```

10
```
    9   5
  - ☐   3
  ─────────
    4   2
```

11
```
    ☐   8
  - 1   5
  ─────────
    3   3
```

받아내림이 있을 때는 위에 작게 표시해 놓고
잊지 말고 계산하자!

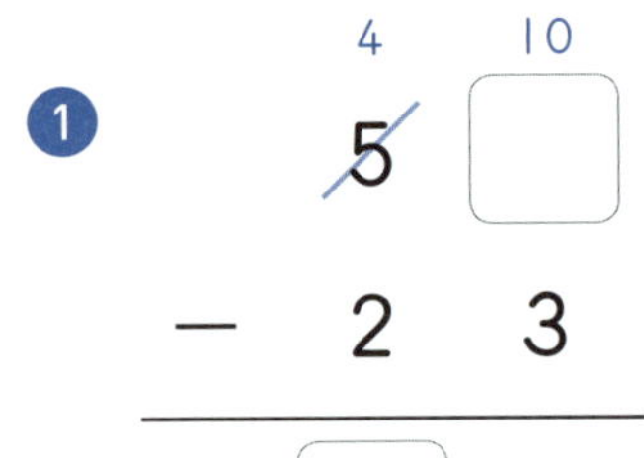

□ 안에 알맞은 수를 써넣으세요.

1

$$\begin{array}{r} {\scriptstyle 4}\ {\scriptstyle 10} \\ 5\!\!\!/\ \ \square \\ -\ \ 2\ \ 3 \\ \hline \square\ \ 9 \end{array}$$

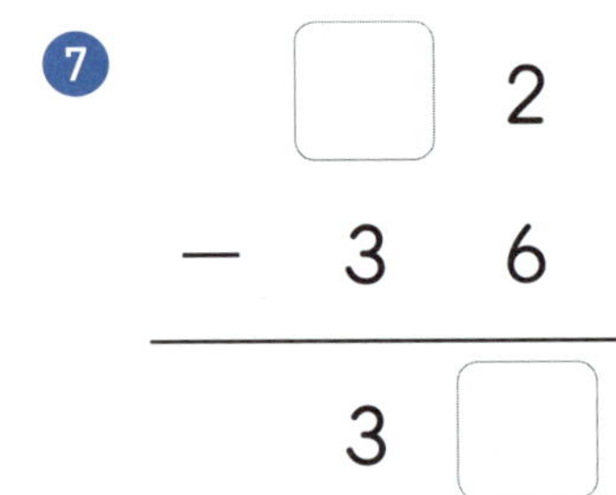

2

$$\begin{array}{r} 3\ \ \square \\ -\ 1\ \ 8 \\ \hline \square\ \ 5 \end{array}$$

3

$$\begin{array}{r} 8\ \ \square \\ -\ 5\ \ 3 \\ \hline \square\ \ 8 \end{array}$$

4

$$\begin{array}{r} 4\ \ 4 \\ -\ 1\ \ \square \\ \hline \square\ \ 6 \end{array}$$

5

$$\begin{array}{r} 6\ \ \square \\ -\ 4\ \ 5 \\ \hline \square\ \ 7 \end{array}$$

6

$$\begin{array}{r} 9\ \ 5 \\ -\ 3\ \ \square \\ \hline \square\ \ 9 \end{array}$$

7

$$\begin{array}{r} \square\ \ 2 \\ -\ 3\ \ 6 \\ \hline 3\ \ \square \end{array}$$

8

$$\begin{array}{r} 5\ \ 0 \\ -\ \square\ \ 5 \\ \hline 2\ \ \square \end{array}$$

9

$$\begin{array}{r} \square\ \ 3 \\ -\ 6\ \ 9 \\ \hline 1\ \ \square \end{array}$$

10

$$\begin{array}{r} 6\ \ 5 \\ -\ \square\ \ 7 \\ \hline 4\ \ \square \end{array}$$

🐾 계산 결과가 가장 작게 되도록 알맞은 수를 골라 ○표 하고, 식을 써서 계산하세요.

1 70 − [49 (53) 27] ➡ 70 − [53] = 17

가장 큰 수

2 94 − [38 27 56] ➡ 94 − [ ] = ______

3 85 − [19 49 29] ➡ 85 − [ ] = ______

4 [(50) 60 70] − 29 ➡ [50] − 29 = 21

가장 작은 수

5 [48 38 68] − 17 ➡ [ ] − 17 = ______

6 [96 76 66] − 48 ➡ [ ] − 48 = ______

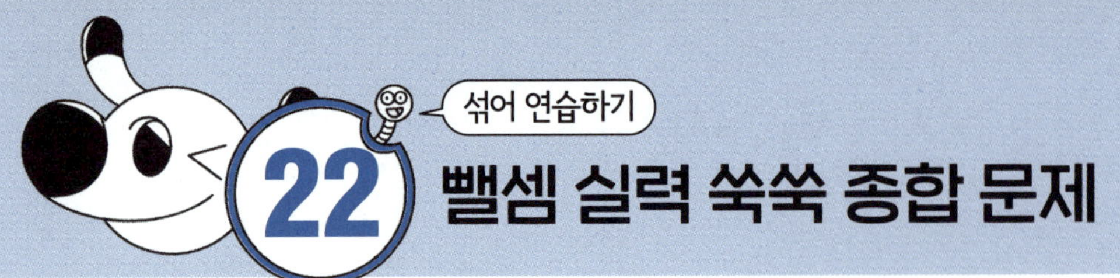

□ 안에 알맞은 수를 써넣으세요.

①
```
    2 7 8
  - 1 4 3
  --------
```

②
```
    5 6 9
  - 3 2 4
  --------
```

③
```
    7 8 5
  - 4 2 1
  --------
```

④
```
    8 3 6
  - 4 0 5
  --------
```

⑤
```
    5 9 4
  - 2 6 3
  --------
```

⑥
```
    9 7 8
  - 6 1 2
  --------
```

⑦
```
    3 □
  - 1 2
  --------
    2 4
```

⑧
```
    7 4
  - 4 □
  --------
    2 5
```

⑨
```
    □ 3
  - 1 8
  --------
    4 □
```

⑩
```
    6 2
  - 3 □
  --------
    □ 7
```

⑪
```
    6 □
  - □ 7
  --------
    3 4
```

⑫
```
    □ 1
  - 4 □
  --------
    1 3
```

🐾 ☐ 안에 알맞은 수를 써넣으세요.

❶ 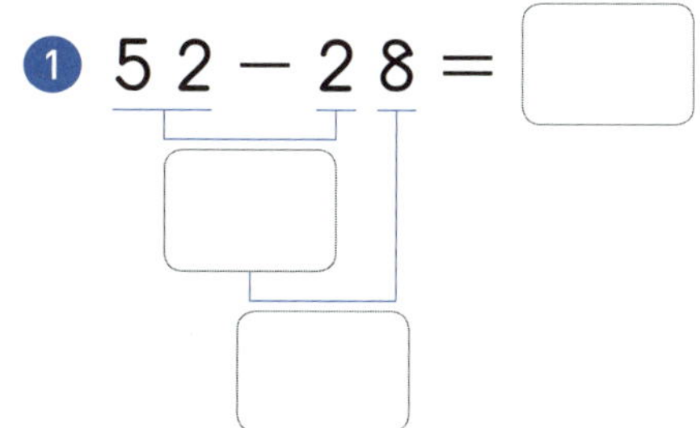 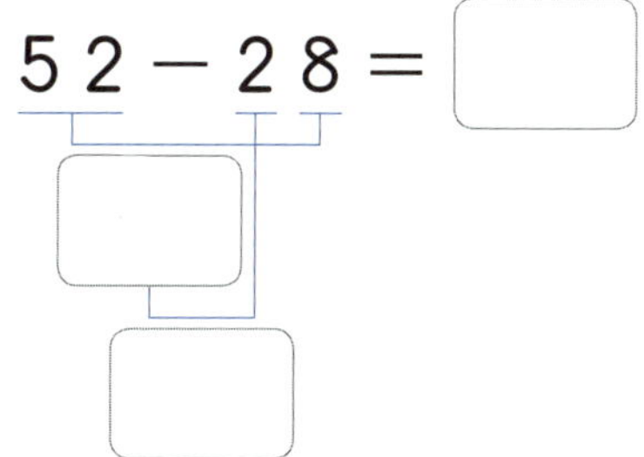

❷ 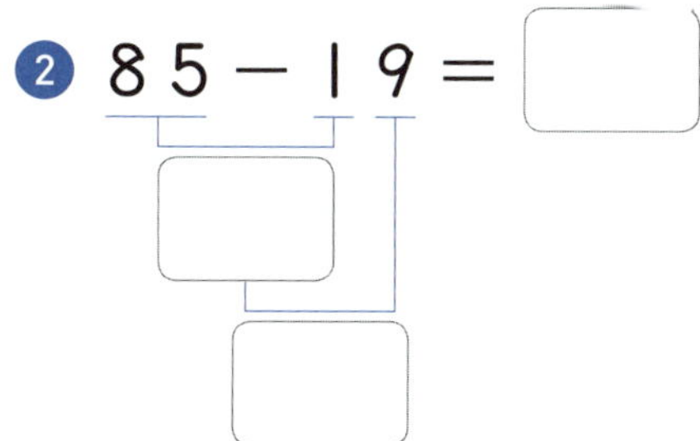 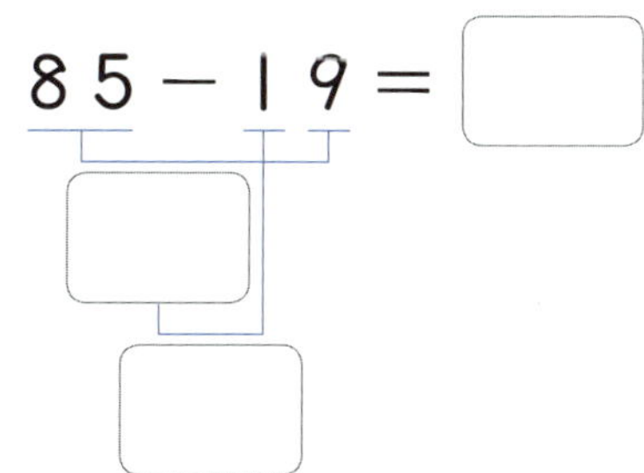

❸ 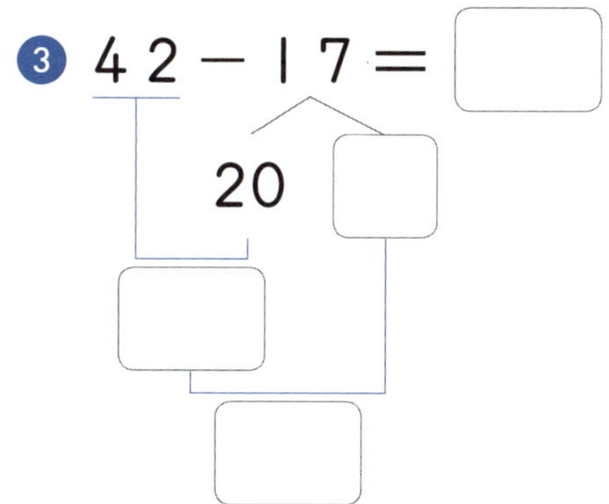 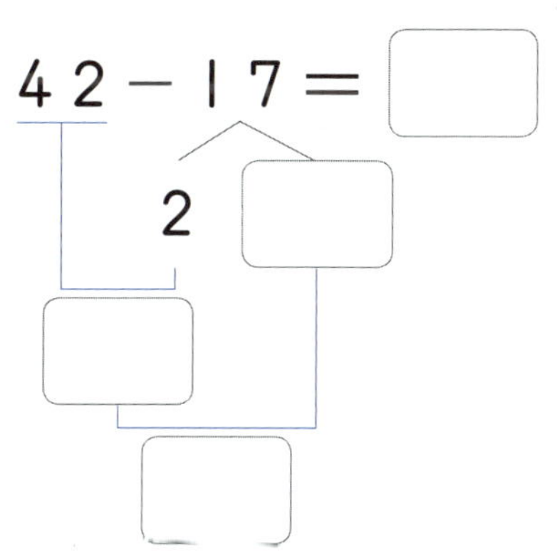

❹ 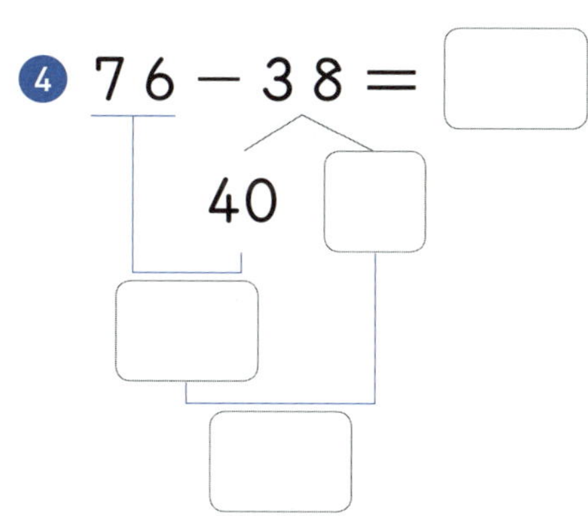 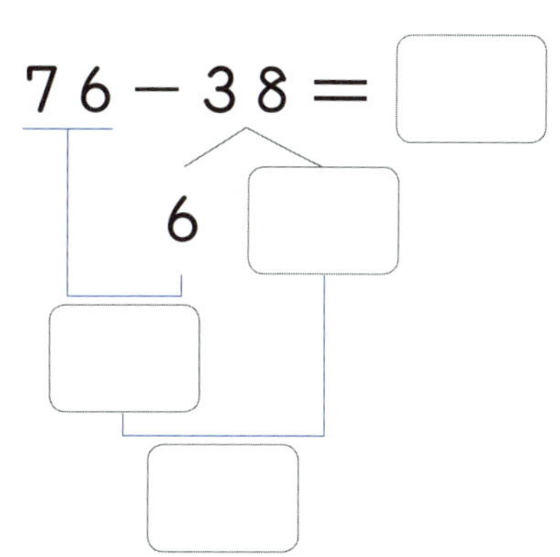

섞어서
연습해요!

뺄셈식이 맞는 길로 가면 쁘냥이가 원하는 것을 얻을 수 있습니다. 알맞은 뺄셈
식이 되도록 길을 따라가 보세요.

43
28
7
8
35

50
62
27
38
24

64
83
45
16
38

1

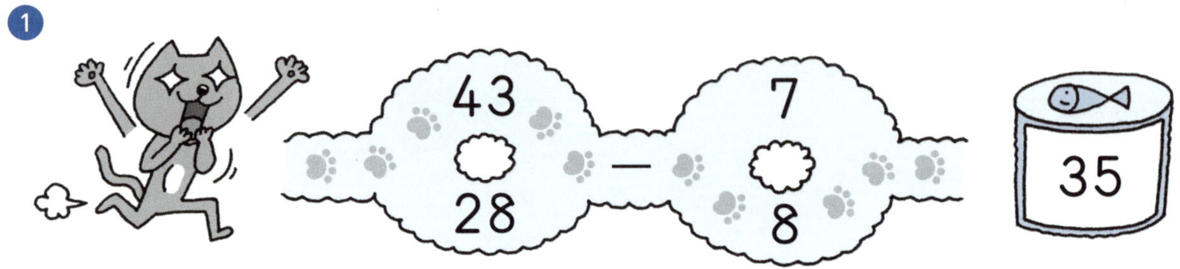

2

3

빠독이가 노트북을 켜려면 비밀번호를 알아야 합니다. 화면에 적힌 문제의 답을 차례로 이어 쓰면 비밀번호입니다. 빈칸에 알맞은 수를 써넣어 비밀번호를 구하세요.

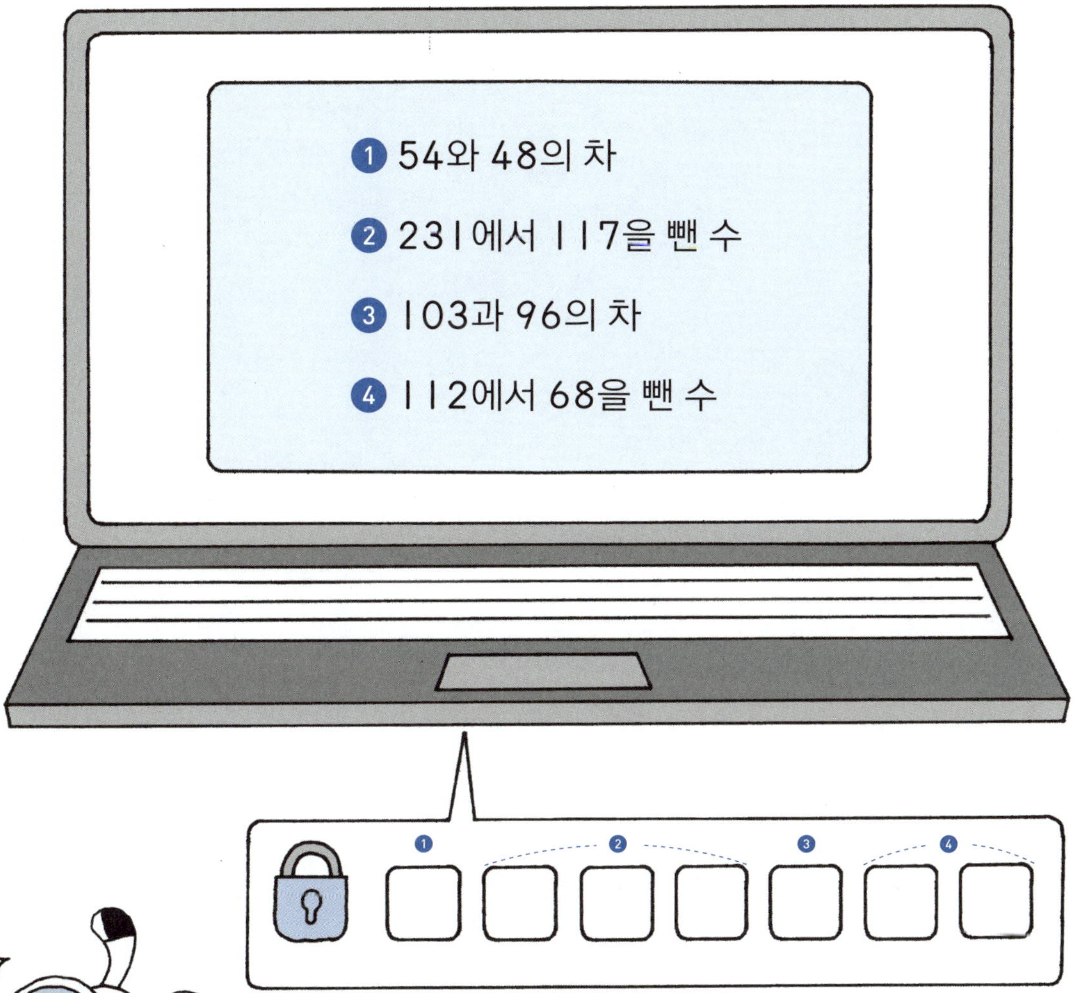

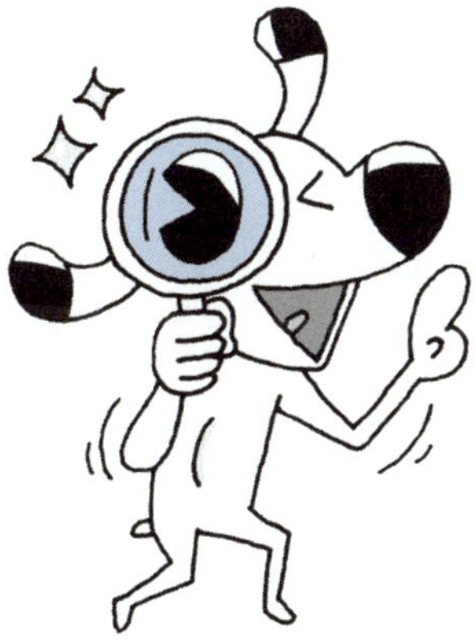

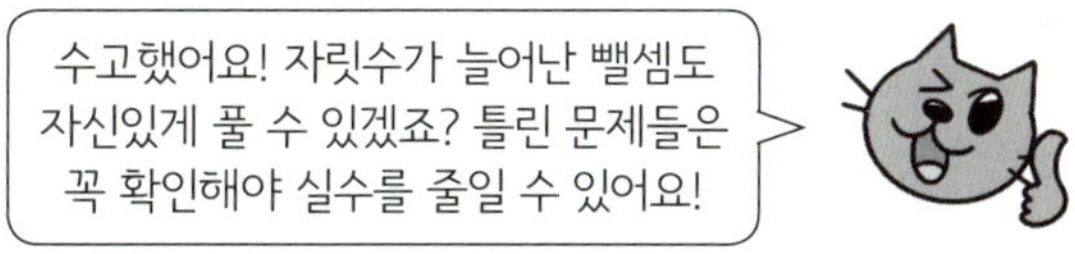

① 54와 48의 차

② 231에서 117을 뺀 수

③ 103과 96의 차

④ 112에서 68을 뺀 수

 **222 → 같은 2지만 다른 2에요.**

222에서 2는 모두 같은 숫자 2지만, 서로 다른 값을 나타내는
모두 다른 수입니다.
사실 222에서 백의 자리 숫자 2는 200, 십의 자리 숫자 2는 20,
일의 자리 숫자 2는 2를 나타내요.
이처럼 같은 숫자라도 각 자리마다 나타내는 값이 다른 거죠.
그렇다면 222에서 가장 큰 값을 나타내는 '2'는
어느 자리에 있는 2일까요?

바쁜 1·2학년을 위한 빠른 뺄셈

정답

스마트폰으로도 정답을 확인할 수 있어요!

① 정답을 확인한 후 틀린 문제는 ☆표를 쳐 놓으세요~.
② 그런 다음 연습장에 틀린 문제를 옮겨 적으세요.
③ 그리고 그 문제들만 한 번 더 풀어 보세요.

시간은 얼마 걸리지 않아요. 그러나 이때 실력이 확 붙는 거예요.
아는 문제를 여러 번 다시 푸는 건 시간 낭비예요.
내가 틀린 문제만 모아서 풀면 아무리 바쁘더라도
수학 실력을 키울 수 있어요!

01

01단계 Ⓐ 19쪽

① 2, 3, 4, 6, 7, 8   ② 1, 3, 4, 5, 7
③ 1, 2, 3, 4, 5, 6   ④ 1, 2, 3, 4, 5
⑤ 1, 2, 3, 4   ⑥ 1, 2, 3

01단계 Ⓑ 20쪽

① 0, 1, 2   ② 1, 2, 3
③ 1, 2, 3   ④ 2, 1, 0
⑤ 5, 4, 3   ⑥ 4, 3, 2
⑦ 2, 2, 2   ⑧ 3, 3, 3
⑨ 7, 5, 3

01단계 도전! 생각이 자라는 **사고력 문제** 21쪽

① 2 / 2   ② 3 / 3
③ 3 / 3   ④ 1 / 1
⑤ 2 / 20   ⑥ 3 / 30

02

02단계 Ⓐ 23쪽

① 15   ② 21   ③ 35
④ 42   ⑤ 54   ⑥ 60
⑦ 74   ⑧ 86   ⑨ 94
⑩ 24   ⑪ 43   ⑫ 60
⑬ 72   ⑭ 81   ⑮ 91

02단계 Ⓑ 24쪽

① 20   ② 50   ③ 60
④ 40   ⑤ 20   ⑥ 30
⑦ 50   ⑧ 10   ⑨ 70
⑩ 30   ⑪ 40   ⑫ 60
⑬ 30   ⑭ 10   ⑮ 20

02단계 Ⓒ 25쪽

① 26   ② 32   ③ 31
④ 43   ⑤ 26   ⑥ 21
⑦ 75   ⑧ 30   ⑨ 32
⑩ 23   ⑪ 41   ⑫ 44
⑬ 34   ⑭ 53

02단계 도전! 땅 짚고 헤엄치는 **문장제** 26쪽

① (1) $24-10=14$ ② (1) $32-12=20$
  (2) $14-12=2$ (2) $29-15=14$
  (3) $14-11=3$ (3) $29-11=18$

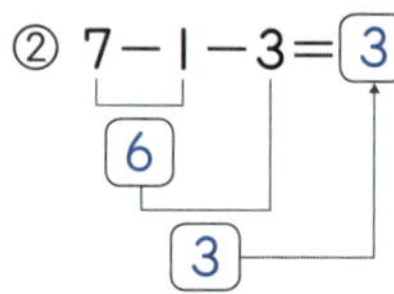

03

03단계 Ⓐ 28쪽

① $6-2-1=\boxed{3}$ ② $7-1-3=\boxed{3}$
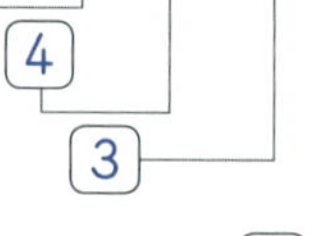

③ $8-3-2=\boxed{3}$ ④ $8-1-5=\boxed{2}$
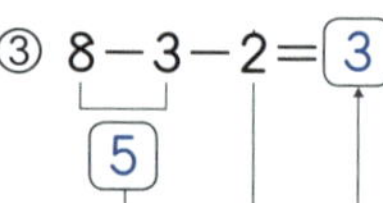

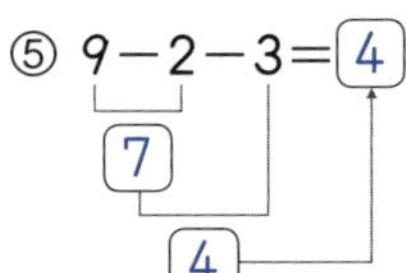

⑤ $9-2-3=\boxed{4}$

⑥ $9-4-3=\boxed{2}$

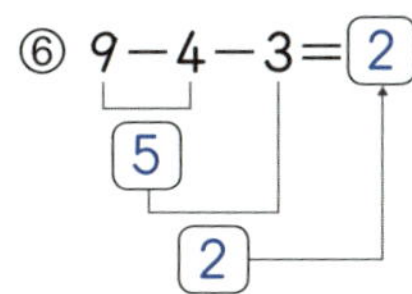

⑦ $8-4-2=\boxed{2}$

⑧ $9-3-1=\boxed{5}$

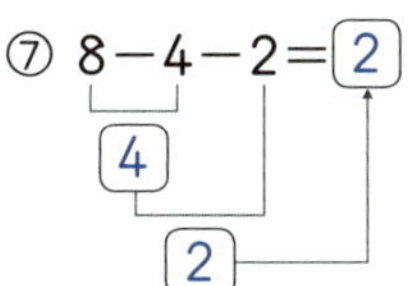

⑨ 1

⑩ 1

03단계 Ⓑ 29쪽

① $19-3-4=\boxed{12}$

② $28-2-16=\boxed{10}$

③ $17-3-3=\boxed{11}$

④ $19-6-1=\boxed{12}$

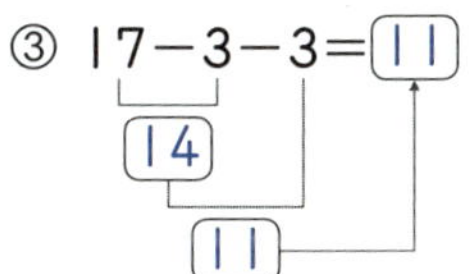

⑤ $39-7-12=\boxed{20}$

⑥ $26-4-11=\boxed{11}$

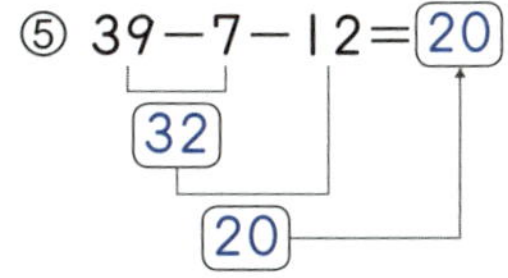

⑦ $49-13-5=\boxed{31}$

⑧ $56-12-2=\boxed{42}$

⑨ 10

⑩ 12

03단계 도전! 생각이 자라는 사고력 문제 30쪽

① 8, 4 / 4

② 3, 1 / 1

③ 4, 2 / 2

④ 6, 3 / 3

04단계 Ⓐ 32쪽

① $2+3-4=\boxed{1}$

② $9-6+4=\boxed{7}$

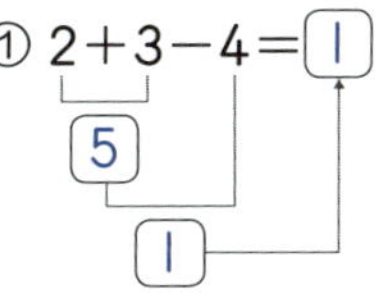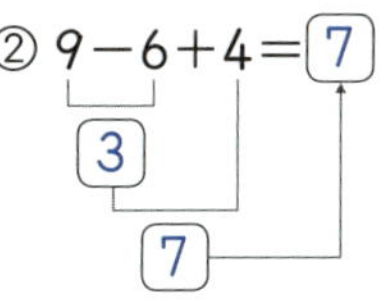

③ $5+1-3=\boxed{3}$

④ $6-3+2=\boxed{5}$

⑤ $4+3-5=\boxed{2}$

⑥ $8-6+5=\boxed{7}$

⑦ $6+2-7=\boxed{1}$

⑧ $7-2+4=\boxed{9}$

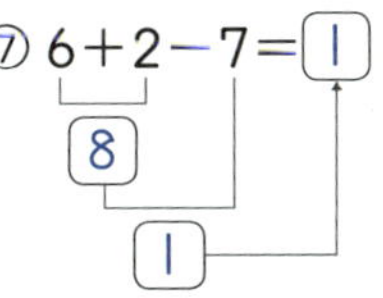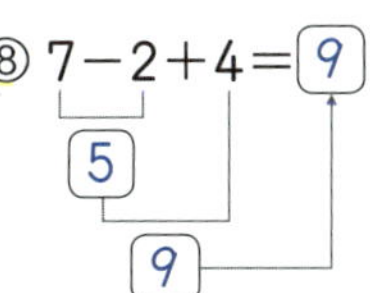

⑨ 6

⑩ 7

04단계 Ⓑ 33쪽

① $17+7-3=\boxed{21}$

② $6+8-4=\boxed{10}$

③ $7-3+8=\boxed{12}$

④ $7+8-12=\boxed{3}$

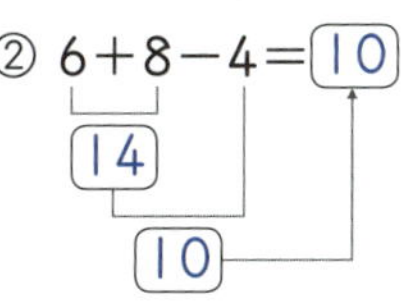

⑤ $9-3+5=\boxed{11}$

⑥ $9+8-13=\boxed{4}$

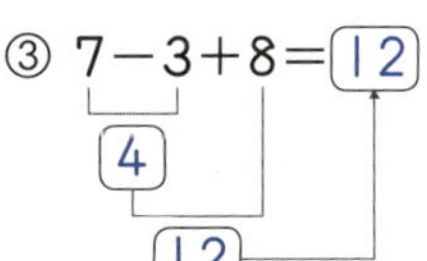

⑦ $6-1+7=\boxed{12}$

⑧ 11

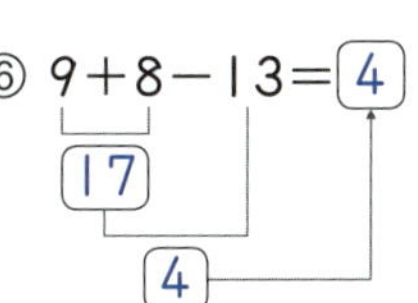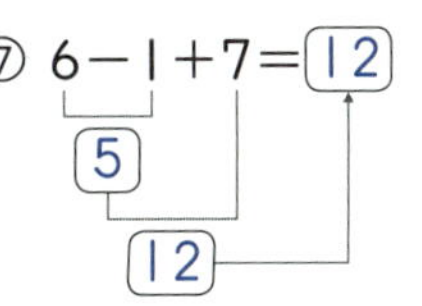

⑨ 14

① 13 / 2, 13

② 21 / 15, 9, 21

③ 33 / 10, 5, 33

05단계 Ⓐ　36쪽

① 5 / 3　② 2 / 2

③ 3 / 6, 3　④ 2 / 6, 2

⑤ 19, 17 / 19, 2　⑥ 19, 4 / 19, 15

⑦ 15, 2 / 15, 2, 13　⑧ 18, 4 / 18, 4, 14

05단계 Ⓑ　37쪽

① 4 / 5　② 9 / 7

③ 9 / 6, 9　④ 8 / 5, 8

⑤ 15, 18 / 3, 18　⑥ 4, 18 / 14, 18

⑦ 4, 12, 16 / 4, 16　⑧ 14, 19 / 5, 14, 19

① 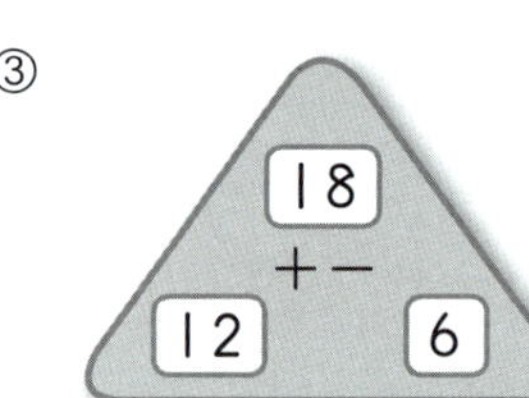

$3 + 6 = 9$
$6 + 3 = 9$
$9 - 3 = 6$
$9 - 6 = 3$

②

$2 + 5 = 7$
$5 + 2 = 7$
$7 - 2 = 5$
$7 - 5 = 2$

③

$12 + 6 = 18$
$6 + 12 = 18$
$18 - 12 = 6$
$18 - 6 = 12$

④

$11 + 4 = 15$
$4 + 11 = 15$
$15 - 11 = 4$
$15 - 4 = 11$

- 작은 두 수의 합이 가장 큰 수가 됩니다.

  ■가 가장 큰 수일 때, 덧셈식은 다음과 같습니다.

  ▲ + ● = ■
  ● + ▲ = ■

- 가장 큰 수에서 한 수를 빼면 남은 한 수가 됩니다.

  ■가 가장 큰 수일 때, 뺄셈식은 다음과 같습니다.

  ■ - ▲ = ●
  ■ - ● = ▲

06단계 Ⓐ   40쪽

① 5 / 5 / 5   ② 6 / 6 / 6

③ 4 / 4 / 4   ④ 19 / 19 / 19

⑤ 15 / 15 / 15

06단계 Ⓑ   41쪽

① 2 / 4, 2   ② 6 / 2, 6

③ 5 / 4, 5   ④ 4 / 3, 4

⑤ 3 / 1, 3   ⑥ 8 / 4, 8

⑦ 7 / 2, 7   ⑧ 6 / 4, 6

⑨ 9 / 6, 9   ⑩ 9 / 0, 9

⑪ 5 / 5, 5

06단계 도전! 생각이 자라는 **사고력 문제**   42쪽

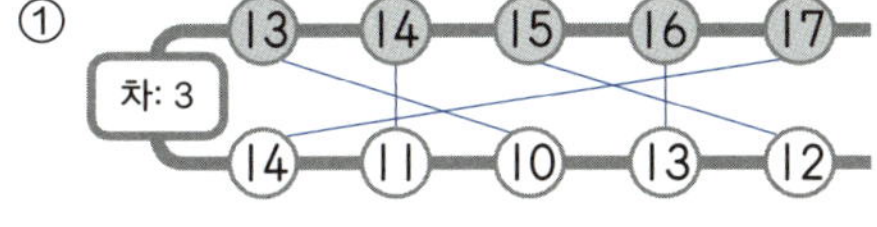

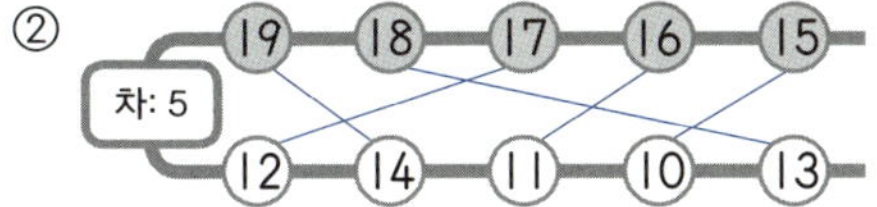

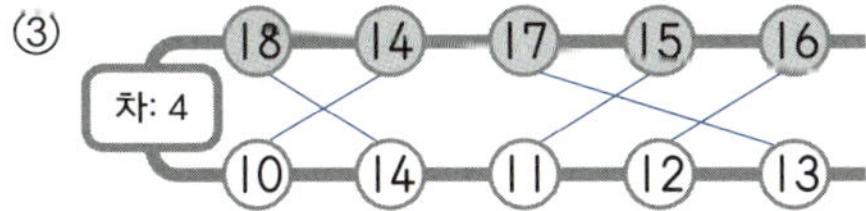

① 13−10=3, 14−11=3, 15−12=3,
16−13=3, 17−14=3
② 19−14=5, 18−13=5, 17−12=5,
16−11=5, 15−10=5
③ 18−14=4, 14−10=4, 17−13=4,
15−11=4, 16−12=4

07단계 종합 문제   43쪽

① 3   ② 3   ③ 4   ④ 13

⑤ 21   ⑥ 14   ⑦ 30   ⑧ 40

⑨ 6   ⑩ 12   ⑪ 11   ⑫ 25

07단계 종합 문제   44쪽

① 9−4−1= 4   ② 27−13−2= 12
   5   14
     4   12

③ 16−12+9= 13   ④ 25+18−3= 40
   4   43
     13   40

⑤ 3 / 8   ⑥ 5 / 9

⑦ 3 / 16   ⑧ 7 / 17

07단계 종합 문제   45쪽

① 

② 

③ 

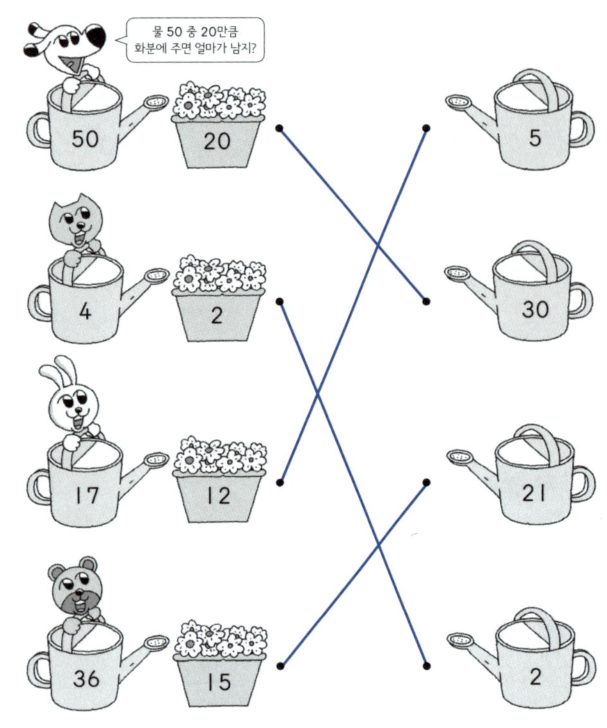
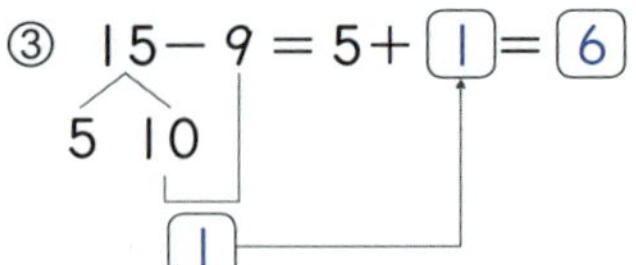

③ $15 - 9 = 5 + \boxed{1} = \boxed{6}$
  5 10
     $\boxed{1}$

④ $14 - 5 = 4 + \boxed{5} = \boxed{9}$
  4 10
     $\boxed{5}$

⑤ $13 - 8 = \boxed{10} - 5 = \boxed{5}$
     3 5
  $\boxed{10}$

⑥ $17 - 9 = \boxed{10} - 2 = \boxed{8}$
     7 2
  $\boxed{10}$

⑦ $16 - 7 = \boxed{10} - 1 = \boxed{9}$
     6 1
  $\boxed{10}$

⑧ $13 - 4 = \boxed{10} - 1 = \boxed{9}$
     3 1
  $\boxed{10}$

08단계 Ⓐ   49쪽

① $11 - 2 = 1 + \boxed{8} = \boxed{9}$
  1 10
     $\boxed{8}$

② $11 - 2 = \boxed{10} - 1 = \boxed{9}$
     1 1
  $\boxed{10}$

08단계 Ⓑ   50쪽

① 7, 8	② 6, 6, 4	③ 2, 4
④ 3, 3, 7	⑤ 3, 6	⑥ 6, 6, 4
⑦ 1, 5	⑧ 2, 2, 8	

①
$$13-4=9$$
$$3-3=0$$
$$10-1=9$$

②
$$15-8=7$$
$$5-5=0$$
$$10-3=7$$

③
$$17-9=8$$
$$7-7=0$$
$$10-2=8$$

④
$$16-7=9$$
$$6-6=0$$
$$10-1=9$$

사고력 문제 풀이

앞의 수(빼지는 수)를 10과 ▲로, 뒤의 수(빼는 수)를 ■와 ▲로 가르기 하여 ▲−▲=0과 10−■의 합으로 계산합니다.

09단계 Ⓐ   53쪽

① 6	② 9	③ 3	④ 2
⑤ 5	⑥ 8	⑦ 17	⑧ 21
⑨ 33	⑩ 38	⑪ 41	⑫ 53
⑬ 77	⑭ 89	⑮ 65	

09단계 Ⓑ   54쪽

① 47	② 27	③ 35	④ 44
⑤ 53	⑥ 71	⑦ 66	⑧ 78
⑨ 84	⑩ 14	⑪ 43	⑫ 81

09단계 도전! 땅 짚고 헤엄치는 **문장제**   55쪽

① 7	② 12	③ 21

문장제 풀이

① $10-3=7$(개)

② $20-8=12$(개)

③ $30-9=21$(cm)

10단계 Ⓐ　　　　　　　　　　57쪽

① 23	② 47	③ 15	④ 57
⑤ 77	⑥ 37	⑦ 45	⑧ 84
⑨ 69	⑩ 14	⑪ 28	⑫ 48
⑬ 36	⑭ 86	⑮ 78	

10단계 Ⓑ　　　　　　　　　　58쪽

① 16	② 25	③ 39	④ 47
⑤ 57	⑥ 74	⑦ 63	⑧ 76
⑨ 87	⑩ 19	⑪ 34	⑫ 56
⑬ 66	⑭ 77	⑮ 89	

10단계 Ⓒ　　　　　　　　　　59쪽

① 29	② 47	③ 56	④ 69
⑤ 84	⑥ 76	⑦ 54	⑧ 63
⑨ 89	⑩ 23	⑪ 69	⑫ 88

10단계 도전! 생각이 자라는 **사고력 문제**　　60쪽

① 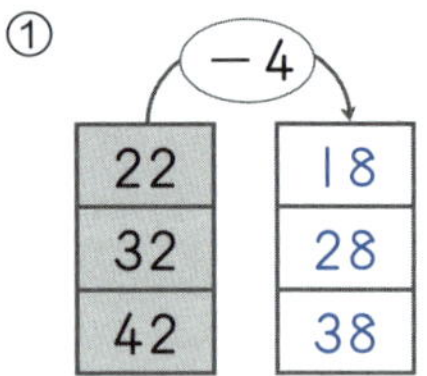
② 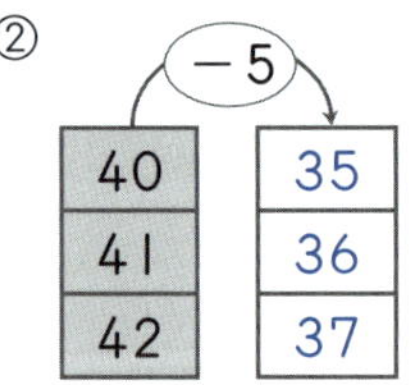
③ 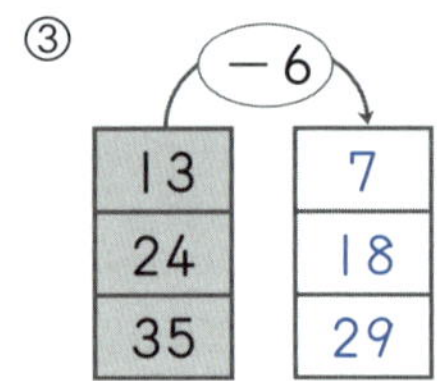
④ 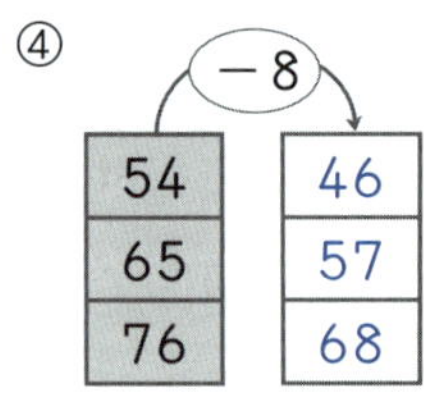
⑤ 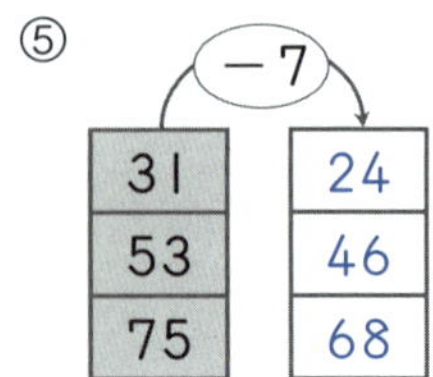
⑥ 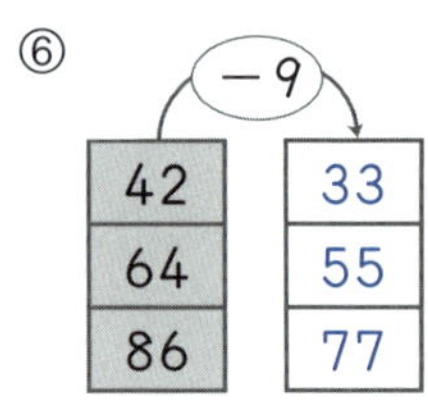

① 십의 자리 수가 1씩 커지는 수에서 같은 수를 빼면 차의 십의 자리 수도 1씩 커집니다.

② 일의 자리 수가 1씩 커지는 수에서 같은 수를 빼면 차의 일의 자리 수도 1씩 커집니다.

③④ 십, 일의 자리 수가 각각 1씩 커지는 수에서 같은 수를 빼면 차의 십, 일의 자리 수도 각각 1씩 커집니다.

⑤⑥ 십, 일의 자리 수가 각각 2씩 커지는 수에서 같은 수를 빼면 차의 십, 일의 자리 수도 각각 2씩 커집니다.

11단계 Ⓐ　　　　　　　　　　62쪽

① 9	② 17	③ 16	④ 32
⑤ 48	⑥ 23	⑦ 48	⑧ 45
⑨ 28	⑩ 29	⑪ 36	⑫ 7
⑬ 34	⑭ 72		

11단계 Ⓑ　　　　　　　　　　63쪽

① 35	② 47	③ 61	④ 9
⑤ 62	⑥ 18	⑦ 6	⑧ 34
⑨ 23	⑩ 8	⑪ 11	⑫ 13
⑬ 17	⑭ 39	⑮ 42	

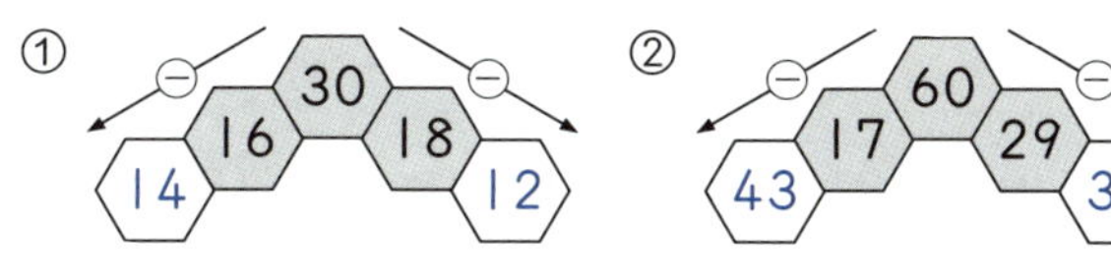
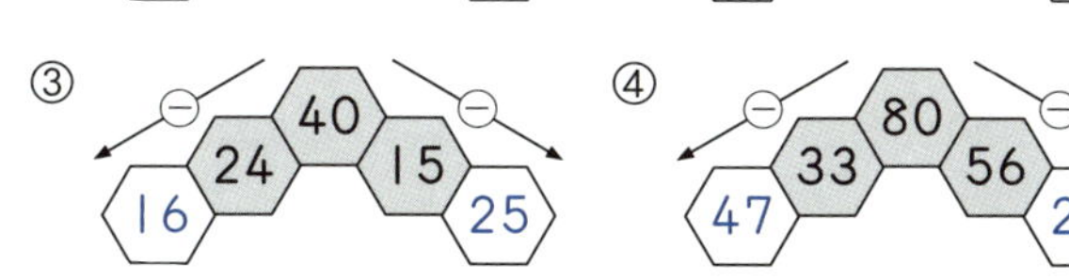
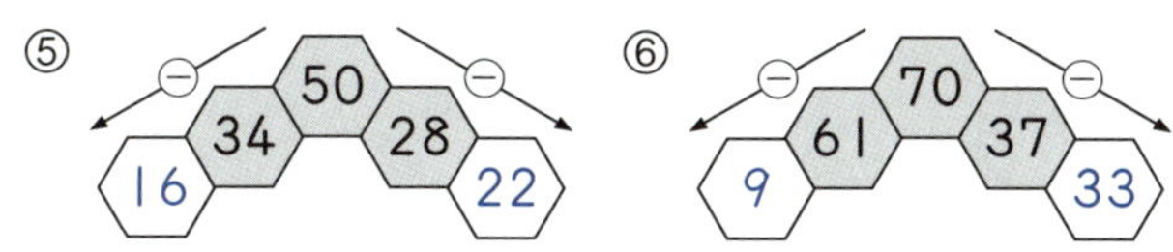

사고력 문제 풀이

② 60−17=43, 60−29=31

③ 40−24=16, 40−15=25

④ 80−33=47, 80−56=24

⑤ 50−34=16, 50−28=22

⑥ 70−61=9, 70−37=33

12

① 6　　② 18　　③ 9　　④ 25

⑤ 17　　⑥ 28　　⑦ 15　　⑧ 69

⑨ 5　　⑩ 48　　⑪ 15　　⑫ 29

⑬ 34　　⑭ 47

① 7　　② 15　　③ 28　　④ 25

⑤ 14　　⑥ 29　　⑦ 27　　⑧ 59

⑨ 34　　⑩ 19　　⑪ 5　　⑫ 39

⑬ 37　　⑭ 8　　⑮ 45

① 26　　② 7　　③ 65　　④ 26

⑤ 18　　⑥ 56　　⑦ 59　　⑧ 18

⑨ 46　　⑩ 9　　⑪ 23　　⑫ 17

⑬ 27

① 19　　② 14　　③ 18　　④ 37

문장제 풀이

① 31−12=19(개)

② 32−18=14(개)

③ 31−13=18(일)

④ 75−38=37(세)

13단계 Ⓐ 71쪽

① 7	② 39	③ 48	④ 19
⑤ 25	⑥ 24	⑦ 19	⑧ 8
⑨ 74	⑩ 17	⑪ 6	⑫ 39
⑬ 55	⑭ 13	⑮ 58	

13단계 Ⓑ 72쪽

① 6	② 57	③ 23	④ 8
⑤ 25	⑥ 28	⑦ 46	⑧ 19
⑨ 57	⑩ 19	⑪ 65	⑫ 17
⑬ 17	⑭ 26	⑮ 39	

13단계 도전! 생각이 자라는 사고력 문제 73쪽

① ×, 5　　② ○　　③ ×, 38　　④ ×, 18

① ④ 십의 자리 계산에서 일의 자리로 받아내림 하고 남은 수로 계산하지 않았습니다.

③ 일의 자리 계산을 잘못 했습니다.

14단계 Ⓐ 75쪽

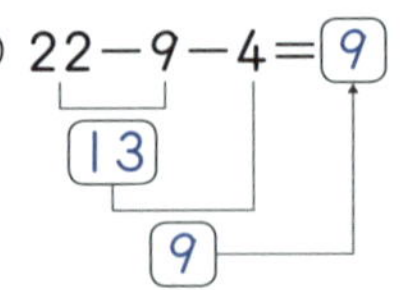

① $22-9-4=\boxed{9}$　　$\boxed{13}$　$\boxed{9}$

② $34-8-8=\boxed{18}$　　$\boxed{26}$　$\boxed{18}$

③ $43-27-8=\boxed{8}$　　$\boxed{16}$　$\boxed{8}$

④ $52-14-15=\boxed{23}$　　$\boxed{38}$　$\boxed{23}$

⑤ $61-33-19=\boxed{9}$　　$\boxed{28}$　$\boxed{9}$

⑥ $75-17-19=\boxed{39}$　　$\boxed{58}$　$\boxed{39}$

⑦ $84-38-17=\boxed{29}$　　$\boxed{46}$　$\boxed{29}$

⑧ $92-45-29=\boxed{18}$　　$\boxed{47}$　$\boxed{18}$

14단계 Ⓑ 76쪽

① 7

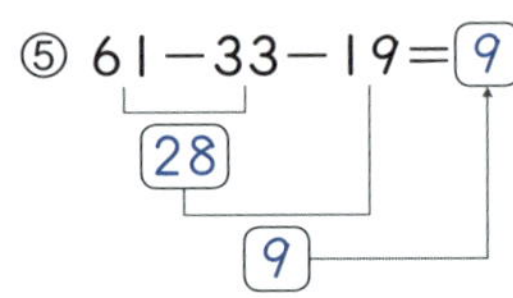
```
  24  →    16
-  8    -   9
  16  →     7
```

② 14
```
  41  →    22
- 19    -   8
  22  →    14
```

③ 19

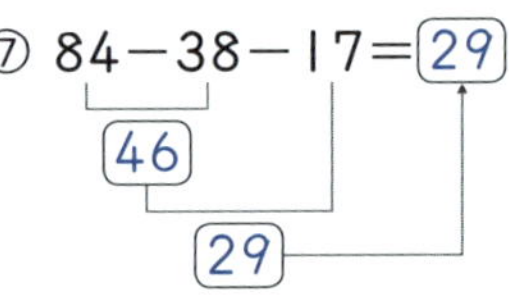
```
  65  →    48
- 17    -  29
  48  →    19
```

④ 8

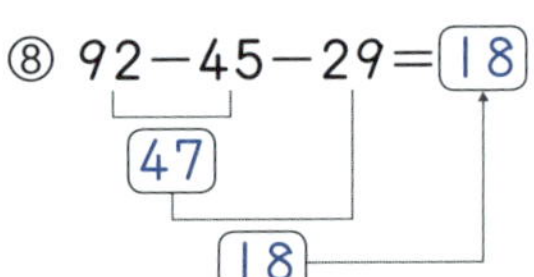
```
  72  →    26
- 46    -  18
  26  →     8
```

⑤ 15
```
  80  →    41
- 39    -  26
  41  →    15
```

⑥ 38
```
  90  →    75
- 15    -  37
  75  →    38
```

① 19　　② 12　　③ 22

④ 9　　⑤ 28

사고력 문제 풀이

① 가장 큰 수: 37 ➡ 37−11−7=19

② 가장 큰 수: 42 ➡ 42−13−17=12

③ 가장 큰 수: 63 ➡ 63−25−16=22

④ 가장 큰 수: 57 ➡ 57−14−34=9

⑤ 가장 큰 수: 70 ➡ 70−19−23=28

15

15단계 Ⓐ 79쪽

① 15+47−8=54　（62, 54）

② 41−16+25=50　（25, 50）

③ 28+33−44=17　（61, 17）

④ 63−14+38=87　（49, 87）

⑤ 35+55−22=68　（90, 68）

⑥ 72−59+47=60　（13, 60）

⑦ 47+24−36=35　（71, 35）

⑧ 85−48+55=92　（37, 92）

15단계 Ⓑ 80쪽

① 18

```
  36  ┌   45
+  9  │ − 27
────  │ ────
  45  └   18
```

② 43

```
  51  ┌   29
− 22  │ + 14
────  │ ────
  29  └   43
```

③ 51

```
  53  ┌   70
+ 17  │ − 19
────  │ ────
  70  └   51
```

④ 86

```
  64  ┌   49
− 15  │ + 37
────  │ ────
  49  └   86
```

⑤ 55

```
  44  ┌   82
+ 38  │ − 27
────  │ ────
  82  └   55
```

⑥ 116

```
  94  ┌   69
− 25  │ + 47
────  │ ────
  69  └  116
```

15단계 도전! 생각이 자라는 **사고력 문제** 81쪽

① 33, 18 / 18　　② 58, 71 / 71

③ 70, 38 / 38　　④ 38, 62 / 62

16

16단계 종합 문제 82쪽

① 3　　② 8　　③ 12　　④ 55

⑤ 25　　⑥ 27　　⑦ 35　　⑧ 38

⑨ 39　　⑩ 48　　⑪ 17　　⑫ 38

⑬ 27　　⑭ 49　　⑮ 75

16단계 종합 문제 83쪽

① $46-9-18=\boxed{19}$
 $\boxed{37}$
 $\boxed{19}$

② $27+6-15=\boxed{18}$
 $\boxed{33}$
 $\boxed{18}$

③ $52-4+13=\boxed{61}$
 $\boxed{48}$
 $\boxed{61}$

④ $61-14-29=\boxed{18}$
 $\boxed{47}$
 $\boxed{18}$

⑤ $45+25-23=\boxed{47}$
 $\boxed{70}$
 $\boxed{47}$

⑥ $70-32+24=\boxed{62}$
 $\boxed{38}$
 $\boxed{62}$

⑦ 9

⑧ 25

⑨ 63

⑩ 29

16단계 종합 문제 84쪽

 $\boxed{33}$  $\boxed{21}$  $\boxed{18}$

16단계 종합 문제 85쪽

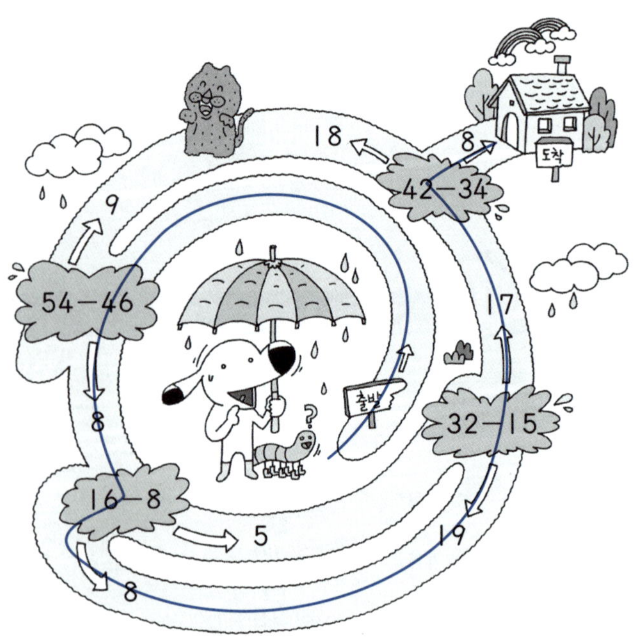

17단계 Ⓐ 89쪽

① 5   ② 54   ③ 543   ④ 15

⑤ 52   ⑥ 521   ⑦ 50   ⑧ 15

⑨ 512   ⑩ 22   ⑪ 225   ⑫ 35

⑬ 235   ⑭ 42   ⑮ 424

17단계 Ⓑ 90쪽

① 200   ② 210   ③ 404   ④ 610

⑤ 226   ⑥ 348   ⑦ 421   ⑧ 212

⑨ 333   ⑩ 200   ⑪ 500   ⑫ 350

⑬ 535   ⑭ 113   ⑮ 424

17단계 도전! 생각이 자라는 **사고력 문제** 91쪽

① -4

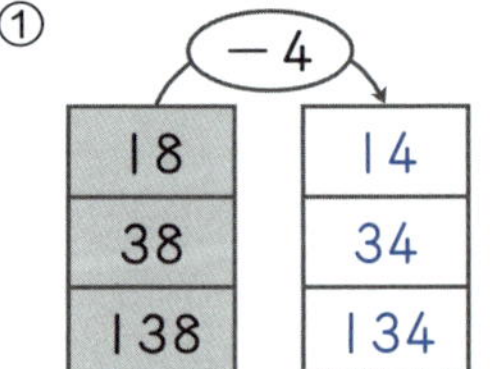

18	14
38	34
138	134

② -28

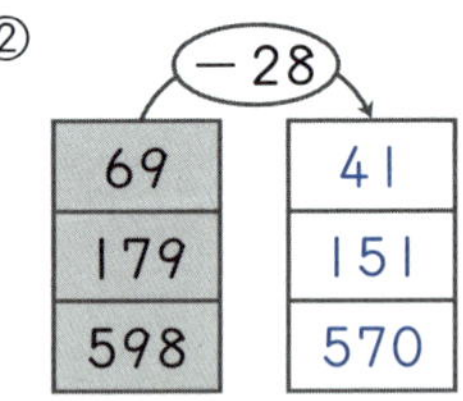

69	41
179	151
598	570

③ -41

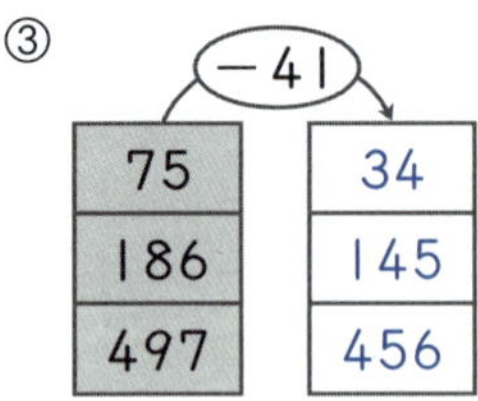

75	34
186	145
497	456

④ -132

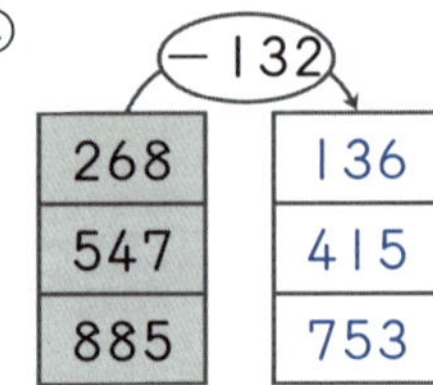

268	136
547	415
885	753

⑤ -253

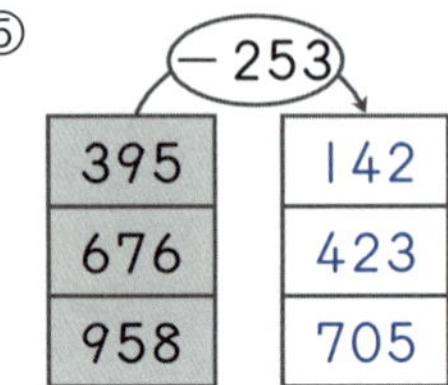

395	142
676	423
958	705

18

18단계 Ⓐ   93쪽

① 7   ② 27   ③ 127   ④ 49

⑤ 19   ⑥ 419   ⑦ 75   ⑧ 15

⑨ 715   ⑩ 28   ⑪ 228   ⑫ 36

⑬ 536   ⑭ 24   ⑮ 924

18단계 Ⓑ   94쪽

① 237   ② 563   ③ 743   ④ 121

⑤ 429   ⑥ 804   ⑦ 336   ⑧ 456

⑨ 619   ⑩ 175   ⑪ 357   ⑫ 333

⑬ 158   ⑭ 518   ⑮ 315

18단계 도전! 생각이 자라는 **사고력 문제**   95쪽

① 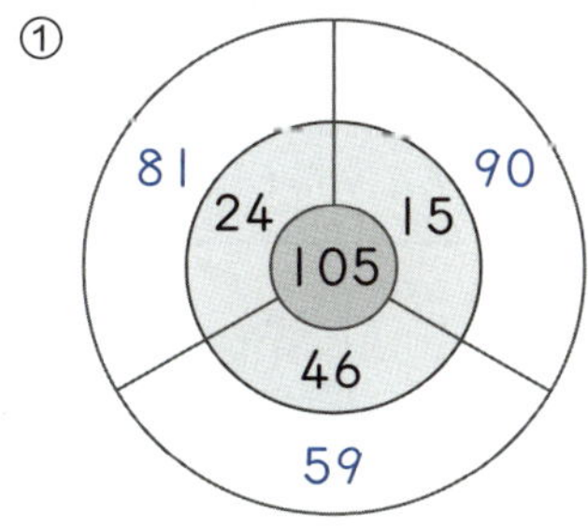
     ② 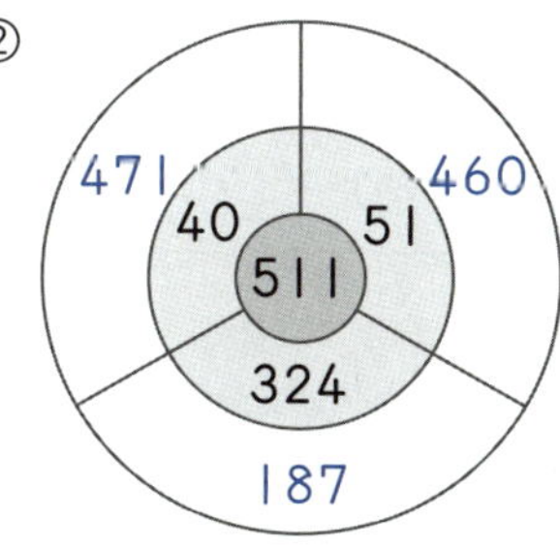

③ 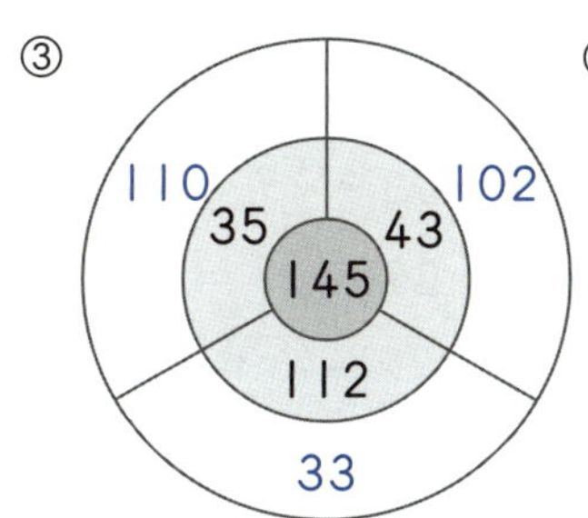
     ④ 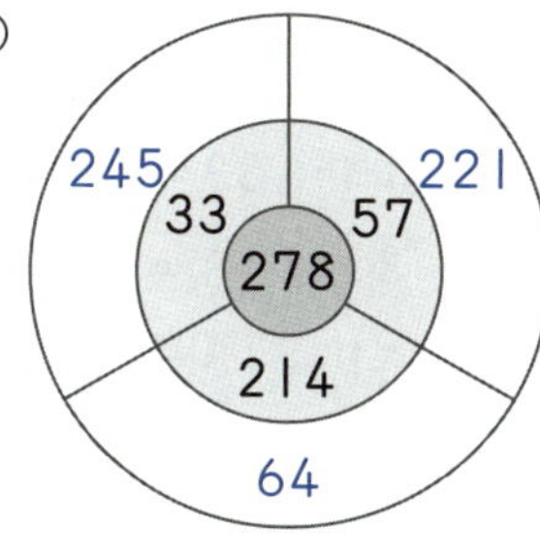

사고력 문제 풀이

$$① \ 105-24=81, \quad 105-15=90, \quad 105-46=59$$
$$② \ 511-40=471, \quad 511-51=460, \quad 511-324=187$$
$$③ \ 145-35=110, \quad 145-43=102, \quad 145-112=33$$
$$④ \ 278-33=245, \quad 278-57=221, \quad 278-214=64$$

19

19단계 Ⓐ   97쪽

① $43 - 16 = \boxed{27}$ $\boxed{33}$ $\boxed{27}$ $43 - 16 = \boxed{27}$ $\boxed{37}$ $\boxed{27}$

② $71 - 34 = \boxed{37}$ $\boxed{41}$ $\boxed{37}$ $71 - 34 = \boxed{37}$ $\boxed{67}$ $\boxed{37}$

③ $64 - 25 = \boxed{39}$ $\boxed{44}$ $\boxed{39}$ $64 - 25 = \boxed{39}$ $\boxed{59}$ $\boxed{39}$

④ $90 - 35 = \boxed{55}$ $\boxed{60}$ $\boxed{55}$ $90 - 35 = \boxed{55}$ $\boxed{85}$ $\boxed{55}$

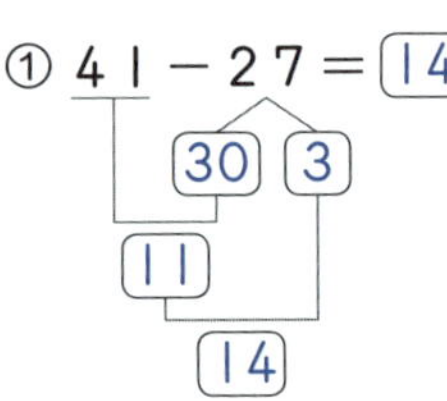
① $41 - 27 = \boxed{14}$

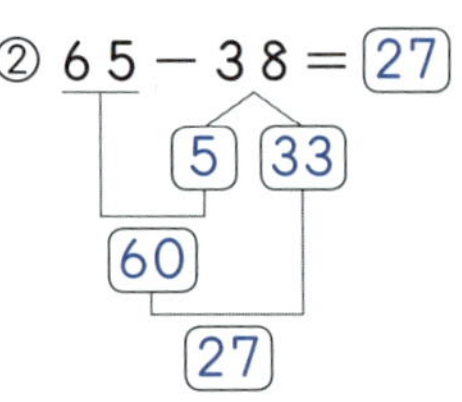
② $65 - 38 = \boxed{27}$

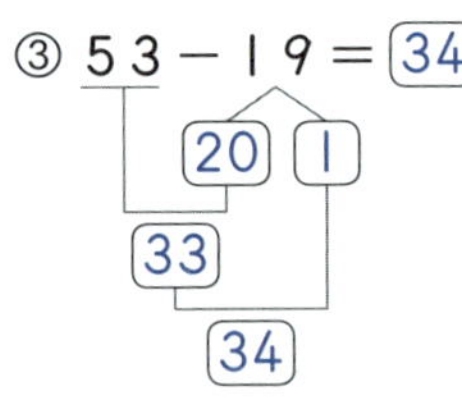
③ $53 - 19 = \boxed{34}$

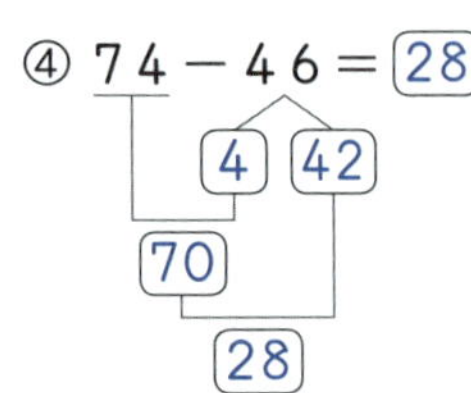
④ $74 - 46 = \boxed{28}$

⑤ $54 - 28 = \boxed{26}$

19단계 도전! 생각이 자라는 **사고력 문제**　　　　　　99쪽

①
$$65 - 19 = 60 + 5 - 19$$
$$= 41 + 5$$
$$= 46$$

②
$$74 - 55 = 70 + 4 - 55$$
$$= 15 + 4$$
$$= 19$$

③
$$76 - 48 = 70 + 6 - 48$$
$$= 22 + 6$$
$$= 28$$

앞의 수(빼지는 수)를 몇십과 몇으로 가르기 하여 몇십에서 빼는 수를 먼저 뺀 후 가르기 하고 남은 몇을 더해야 합니다.

20단계 Ⓐ　　　　　　　　　　　101쪽

① 9 / 9　　　② 46 / 46　　　③ 15 / 35

④ 75 / 75, 17　　⑤ 25 / 8　　⑥ 42 / 23

⑦ 39 / 17　　　⑧ 61 / 35, 61

20단계 Ⓑ　　　　　　　　　　　102쪽

①
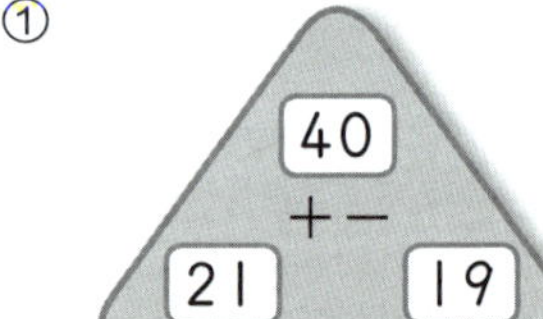
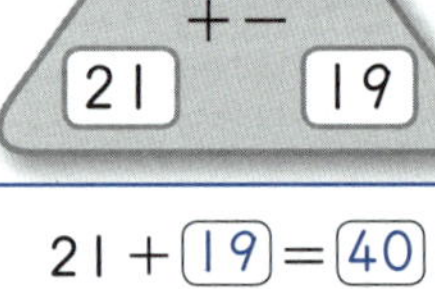

$$21 + \boxed{19} = \boxed{40}$$
$$19 + \boxed{21} = \boxed{40}$$
$$40 - \boxed{21} = 19$$
$$40 - \boxed{19} = 21$$

②

$$\boxed{48} + 16 = \boxed{64}$$
$$\boxed{16} + 48 = \boxed{64}$$
$$64 - \boxed{48} = 16$$
$$64 - \boxed{16} = 48$$

③
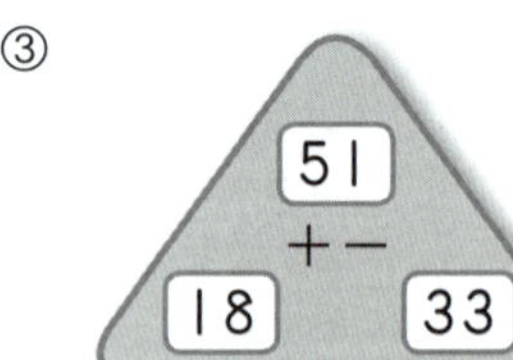

$$\boxed{18} + 33 = \boxed{51}$$
$$\boxed{33} + 18 = \boxed{51}$$
$$51 - \boxed{18} = 33$$
$$51 - \boxed{33} = 18$$

④
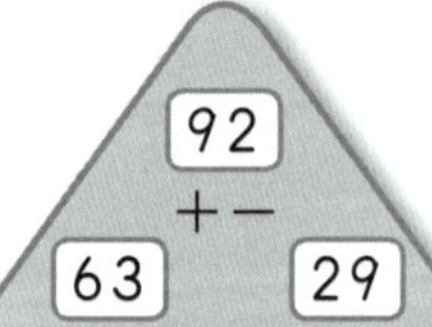

$$63 + \boxed{29} = \boxed{92}$$
$$29 + \boxed{63} = \boxed{92}$$
$$\boxed{92} - \boxed{63} = 29$$
$$\boxed{92} - \boxed{29} = 63$$

① 54, 18, 36 / 54, 36, 18

② 73, 28, 45 / 73, 45, 28
   (또는 73, 45, 28 / 73, 28, 45)

③ 81, 42, 39 / 81, 39, 42
   (또는 81, 39, 42 / 81, 42, 39)

④ 42 / 42   ⑤ 80 / 80, 32

⑥ 93 / 69, 93   ⑦ 61 / 37, 61

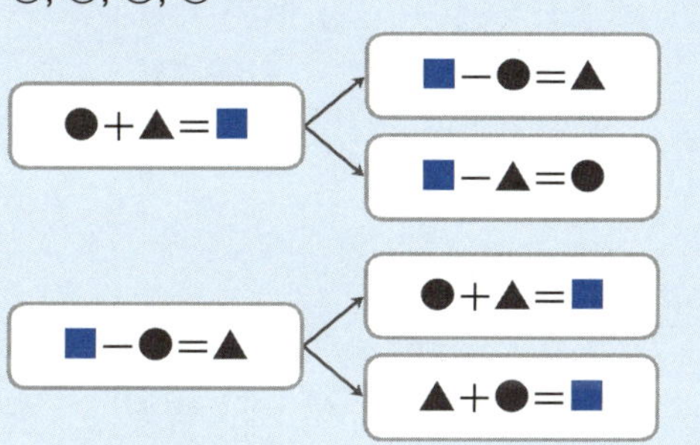

①, ②, ③
- 가장 큰 수에서 작은 한 수를 빼면 남은 한 수가 됩니다.

④, ⑤, ⑥, ⑦

$\bullet + \blacktriangle = \blacksquare$
→ $\blacksquare - \bullet = \blacktriangle$
→ $\blacksquare - \blacktriangle = \bullet$

$\blacksquare - \bullet = \blacktriangle$
→ $\bullet + \blacktriangle = \blacksquare$
→ $\blacktriangle + \bullet = \blacksquare$

21

① 5   ② 8   ③ 9   ④ 3

⑤ 7   ⑥ 2   ⑦ 9   ⑧ 3

⑨ 4   ⑩ 5   ⑪ 4

(위에서부터)

① 2, 2   ② 3, 1   ③ 1, 2   ④ 8, 2

⑤ 2, 1   ⑥ 6, 5   ⑦ 7, 6   ⑧ 2, 5

⑨ 8, 4   ⑩ 1, 8

① 53에 ○표 / 53, 17

② 56에 ○표 / 56, 38

③ 49에 ○표 / 49, 36

④ 50에 ○표 / 50, 21

⑤ 38에 ○표 / 38, 21

⑥ 66에 ○표 / 66, 18

22

① 135   ② 245   ③ 364   ④ 431

⑤ 331   ⑥ 366   ⑦ 6   ⑧ 9

⑨ (위에서부터) 6, 5   ⑩ (위에서부터) 5, 2

⑪ (위에서부터) 1, 2   ⑫ (위에서부터) 6, 8

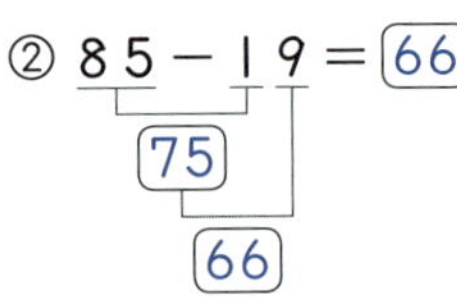

① $52 - 28 = \boxed{24}$
    $\boxed{32}$
      $\boxed{24}$

$52 - 28 = \boxed{24}$
    $\boxed{44}$
      $\boxed{24}$

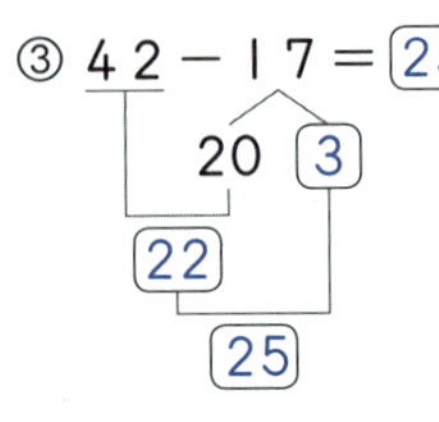

② $85 - 19 = \boxed{66}$
    $\boxed{75}$
      $\boxed{66}$

$85 - 19 = \boxed{66}$
    $\boxed{76}$
      $\boxed{66}$

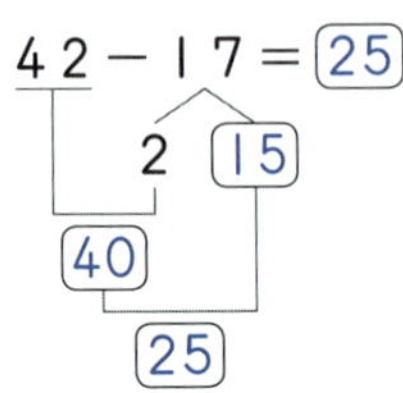

③ $42 - 17 = \boxed{25}$
    $20 \quad \boxed{3}$
    $\boxed{22}$
      $\boxed{25}$

$42 - 17 = \boxed{25}$
    $2 \quad \boxed{15}$
    $\boxed{40}$
      $\boxed{25}$

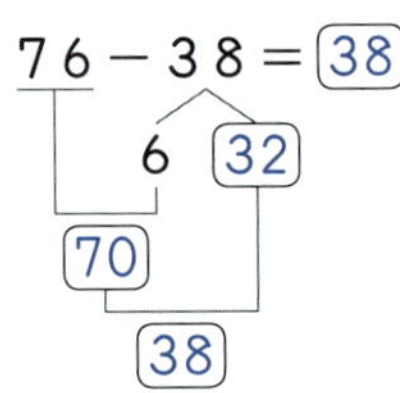

④ $76 - 38 = \boxed{38}$
    $40 \quad \boxed{2}$
    $\boxed{36}$
      $\boxed{38}$

$76 - 38 = \boxed{38}$
    $6 \quad \boxed{32}$
    $\boxed{70}$
      $\boxed{38}$

① 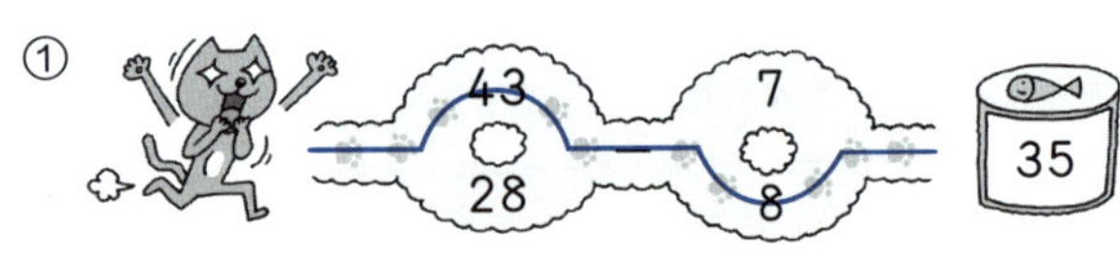

② 

③ 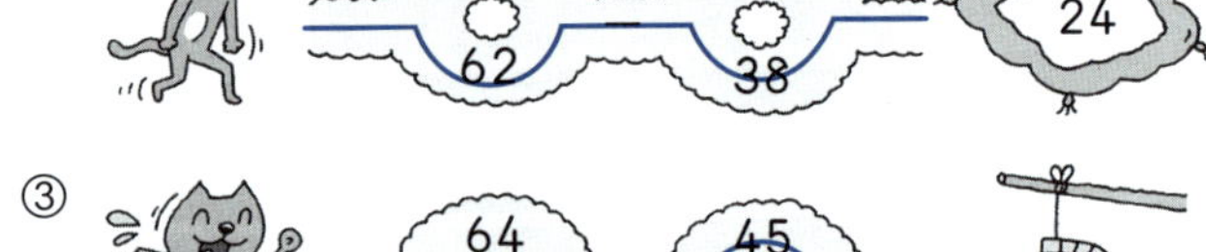